JN114167

中学英語から始める洋書の世界

林 剛司

青春出版社

はじめに

　本書では、中学、高校生の現役学習者から、英語に再挑戦している社会人まで、無理なく、楽しく読める洋書を紹介します。ただのガイドブックではなく、洋書をどのように読んでいけばいいか、そして実際に英語で会話や作文をする際に、洋書の中で出会った英語表現や語句をどのように活用していけばいいかというヒントもお話ししたいと思っています。

　これまで学校で、「全ての単語を調べ、文法的に分析しながら、日本語に訳す」（文法訳読式）という英語の勉強しかしていない人は、いきなり数百ページもあるペーパーバックに挑戦しようとしても、数ページでギブアップしてしまうかもしれません。

　私は文法訳読式を全否定するつもりはありません。むしろ学校でそのように丁寧にゆっくり勉強した経験は大切にしてもらいたいと思います。しかし、学校でしっかりと文法訳読の授業を受けたら、その後は（あるいはそれと並行して）とにかくどんどん読んでいくしかありません。
　たくさん読んで、たくさんの英文に出会うことによって初めて、語感は身につくのです。語感が身につくと、いちいち頭の中で日本語に訳さなくても英文がスラスラ頭の中に入ってくるようになります。読めば読むほど、読むスピードは上がり、語彙力も身に付き、英語の回路が頭の中に構築されます。

英語の回路が頭の中にできてくると、英語を「話す」力も当然大きく向上します。

本書を読んでいただければ、学校でしっかりと学んだ英語が、実際の洋書を読む際に大いに役立つことに気づかれるでしょう。そのために、中学や高校で習う文法や表現と関連付けた説明を随所に入れてあります。

ペーパーバックに入る前段階として Leveled Readers (LR：英語を母語とする児童向けの学習用絵本) や Graded Readers (GR：英語学習者向けに書かれた段階別読み物)、そしてネイティブ向けの児童書などをたくさん読むとよいでしょう。

そしてゆくゆくはペーパーバックを読めるようになっていただきたいと願っています。

〈英語読書のヒント〉

1. 自分の英語力よりもはるかにやさしい英語で書かれた本を選ぶ。
2. 最初の2〜3ページを読んで面白くない（or 理解できない）と思えば、読んでいる途中であってもやめる。
3. 原則として、辞書は引かない（辞書を引かなくても読める本を選ぶ）。わからないところは飛ばして読んでも、後で意味がつながってくることが多い。それでもどうしても気になる単語があれば、1ページにつき1、2回までは辞書を引いてもよい、などと自分で約束事を作ってみる。

本書では英語の難易度の目安を、星印（★）で表します。Harry Potter が星 8 つくらいです。この難易度について、おおよその目安を示しておきます。

★☆☆☆　中学 1 年の英語力
★★☆☆　中学 2 年の英語力
★★☆☆　中学 3 年の英語力
★★★☆　中学卒業程度の英語力
★★★☆　高校 1 年の英語力
★★★★　高校 2 年の英語力
★★★★　高校 3 年の英語力
★★★★　高校卒業程度（大学受験）の英語力

　あくまでもこれは「おおよその」目安ですので、厳密なものではありません。ご自身の英語力や興味に合う本を選ぶことが最も重要です。

　英語読書が長続きし、しかも英語力が向上するポイントは、自分の英語力よりもはるかに「易しめ」のレベルから始めることです。易しい英語のインプットを充分に行ってから、レベルアップしていってください。
　本書では、易しいレベルから少しずつ難易度が上がっていく本を紹介していますので、本書に登場する本を、その順番通り読んでいっていただければ、中学から高校までの英文法の復習ができ、

なおかつ無理なく英語読書生活を形成することができます。

　また、文法事項を理解していただくために「例文」も豊富に記載されているというのも本書の特徴の1つです。実際に会話や英作文（アウトプット）の際に使えるような例文を集めました。

　本書は、朝日新聞社が発行する英語と日本語による週刊新聞 Asahi Weekly（『朝日ウイークリー』）において著者が 2017 年 4月〜 2020 年 3 月に連載執筆した「放課後ブッククラブ　辞書なしで読もう！」に加筆修正したものです。一部、本書で紹介する書籍の繋がりや関連をわかりやすくするため、それ以前に書いた連載記事で紹介した書籍も本書で取り上げました。

　なお、本文中の人名はすべて敬称略としました。ご了承ください。

　洋書の世界へようこそ。本書をきっかけに、どんどん洋書を読むうちに英語学習が楽しくなり、読んだ本について世界の人達と英語で語り合えるような人が増えていくなら、著者としてこれ以上の喜びはありません。

林　剛司

中学英語から始める洋書の世界　目次

★★★☆　高校３年の英語力

★★★★　高校卒業程度（大学受験）の英語力

ブックデザイン　大場君人

01 │「洋書読解はじめの一歩」に最適な1冊

　著者の Tedd Arnold はアメリカの絵本作家で、これまでに 50 作以上の本を出版しています。この本は、2006 年、アメリカで優れた子ども向けの本に贈られる Theodor Seuss Geisel Award を受賞しています。

　この賞の受賞作品の中には、大人が読んでも面白い本が多数ありますので、読みたい本を探す際に、この賞の受賞作品から選んで読んでいくのも良いと思います。

中学英語で楽しめる

　主人公が fly（ハエ）というユニークな発想に思わずニヤリとしてしまいます。まず1文目が、A fly went flying.（p.1）となっています。同時に、別の登場人物である少年も、**A boy went walking.**（p.3）となっています。「go ＋ 〜ing」のイディオムは、

Hi! Fly Guy

著者：Tedd Arnold　出版社：Scholastic Inc.

中学高校でたくさん習いますね（例：go fishing, go shopping, go camping）。

He was looking for something to eat — something tasty, something slimy.（p.2）

この he は fly のことですが、食べ物を探しています。「something + to 不定詞」で「何か〜するもの」。形容詞と一緒に使う場合は、この文のように something の後に形容詞を置きます。

「美味しいもの」と言いたいときに tasty something とは言わず、something tasty となります。他にも、例えば「何かおもしろい読み物」は、something interesting to read という語順になります。これらは中学の英語で習う事項ですね。

さて、少年は、**something to catch, something smart**（p.4）を探しています。

中学（もちろん高校も）で習う英語をきちんと復習すると、読める本が一気に増えます。社会人の方は、ぜひ学校（受験）英語の復習も同時に行ってください。

絵を楽しむこと—絵と英語を結びつける

少年と fly は出会います。The boy caught the fly in a jar.（p.7）そして fly を持ち帰り、両親に見せます。Dad はこう言います。

"Flies can't be pets!" "They are pests!" He got the fly swatter. (p.12)

　ここまでで、pets と pests という、音が似ている語で洒落ているところはおわかりでしょうか。

　そして、jar や fly swatter という語が出てきて「知らない語だ！」と慌てて辞書を引かなくても大丈夫。その語が載っているページにそれらの絵も載っていますので、すぐに推測できます。絵本を読む際に、大人は文字に集中し、絵をあまり見ない傾向があると言われています。ぜひ絵も楽しんで活用してください。

　さて、少年がこの fly を捕まえたときに、fly は少年の名前を叫んだ（？）ので、少年は驚きます。

He [The fly] stomped his foot and said ― BUZZ! The boy was surprised. He said, "You know my name! You are the smartest pet in the world!" (p.9)

　少年は名前を名のってはいなかったのに…。その理由をぜひ考えてみてください。この少年の名前 "Buzz" がヒントになります。

02 | be going to と will の違いとは？

　Scholastic Readers という LR（Leveled Readers: 英語を母語とする子ども向けに、段階的にレベル分けされた絵本）に収められている The Magic School Bus シリーズから 2 冊紹介します。

　フリズル先生（Ms. Frizzle）が、不思議なスクールバスに子どもたちを乗せて様々なところへ（時には宇宙にも）連れて行く物語です。**She takes us on funny trips in the Magic School Bus.**

後悔の気持ちを表す表現

The Magic School Bus
Rides the Wind
———
著者:Anne Capeci, Joanna Cole
出版社 : Scholastic Inc.

　Ms. Frizzle の授業で wind について学んだ後、みんなで kite を揚げよう！ということになりました。外で kite を揚げていると、Wanda という女の子の kite が風で飛ばされてしまいました。そこで Ms. Frizzle の **"Let's get on the bus!"** の掛け声とともに、みんなバスに乗り込みます。

　みんなの Magic School Bus は時には hang glider にも変身するのです。Wanda の kite を取りに、いざ空へ！

Now the wind lifts us into the sky!

　バスの中で一人、不安そうな顔をした少年が、**"I knew I should have stayed home today."** とつぶやきます。should have ＋ 過去分詞で「〜すべきだった（のにしなかった）」という、過去における後悔を表すことができます。これは高校で習う文法事項ですね。

> 例文
> ・I should have known better.（もっとよく知っておくべきだった）
> ・I should have followed your advice.（あなたの助言に従うべきだった）

　should have は、会話では should've（シュダヴ）のように発音されることもあります。こう言われても理解できるように、should have を使って英文をいくつか作って声に出して発音してみるといいでしょう。

＊＊＊

「未来」を表す表現の違い

　授業で「月」について学んだので、みんなで月を見に行くことになりました。

We are going to a farm. We will go on a hayride.

　同じページに「未来」を表す be going to と will が出てくるのは興味深いです。これら2つの違いは、次のようになります。

> **be going to**：話し手が発話以前の時点であらかじめ意図や計画を持っていたことを表す
> **will**：話している時点で頭に浮かんだ意図・計画を表す

例文
・We are going to Kyoto on a school trip next month.（来月、修学旅行で京都に行くことになっている）
・Can you wait a few minutes? I will be back soon.（少々お待ちいただけますか。すぐに戻ります）

　この be going to と will の違いに注意しながら、先ほどの本文の文章を読んでみます。月を見るために（月をよく見ることができるロケーションとして） farm に行くことはすでに予定されていたことなので be going to が使われていますし、そして、そういえば farm に行けば hayride ができる（しよう）、と頭に浮かんだことは will を使って表現していることがわかります。 hayride とは、干し草（hay）を積んだトラック・荷車での夜の遠乗り、干し草ピクニックです。

The Magic School Bus
Takes A Moonwalk

著者：Anne Capeci,
Joanna Cole
出版社：Scholastic Inc.

Column 1
音読と多読

「多読をしている際に、頭の中で音読してしまっていることがよくありますが、これは読書の速度を落としているようで、よくないことなのか」というご質問を受けることがあります。私はこのこと自体、別に悪いことではないと思います。むしろ、英語を読んでいて音が頭に浮かぶというのは、文字と音がきちんと繋がっているということなので、これまでの学習方法が正しかったと言えます。

　ただ、読書の速度が落ちるという心配があるのも理解できます。私の経験から言えば、私も最初の頃は頭の中で音読している自分に気付くことがありました。しかし、読書量が増えていくに従って、自然に黙読モードになっていくものです。最初のうちは頭の中で音読していてもあまり気にしないでください。

　音読自体はとても効果的な学習法なので、もし多読をしていくうちに出会った本で、気に入った本があれば、読了後、音読をしてみるのも良いと思います。黙読でしっかりと意味がわかっている本であるということが前提です（意味がわからない本を音読しても効果はほとんどありません）。

　そして、本を丸々一冊音読するのもいいですし、物語の中で自分が「覚えたいと思う文章」「文法や構文の点からポイントになる文」のみを音読し、それ以外は黙読で進める、というのもありです。

03 │ すべて「現在形」だけで
書かれた易しい GR

　Oxford Dominoes という、中高生向けの GR（Graded Readers: 英語を外国語として学ぶ学習者向けの段階別に書かれた本）シリーズの、一番易しいレベル（Quick Starter）から 2 冊紹介します。すべて「現在形」だけで書かれており、1 文が短いのが特徴です。カラフルなイラストによる、漫画のような形式になっています。このレベルは難しい語句も、複雑な文法も出てきません。

形容詞と副詞

　主人公は Yukio で、舞台は日本のある村です。Yukio の両親は亡くなっており、姉 Mariko と二人で暮らしています。Yukio と Mariko はしばらく幸せに過ごしていましたが、ここに Kunio という男性が登場し、Kunio と Mariko はお互いに惹かれ合い、結婚することになります。

The Sorcerer's Apprentice

著者：Bill Bowler (retold)
出版社：Oxford University Press

So Mariko marries Kunio. After that, she goes and lives in Kunio's house. She takes Yukio with her.（p.5）

しかし Yukio は Kunio のことが好きになれません。ある日、Yukio は偶然 sorcerer に出会い、彼の apprentice として、彼の家に住み込み修行をすることになります。

ここで「形容詞」と「副詞」のおさらいをしておきましょう。形容詞に -ly を付けると、副詞になります（y で終わる語は、y を i に変えて ly を付けます）。

・**For some years they are <u>happy</u> together.**（p.1）［形容詞］
・For some years they live <u>happily</u>.［副詞］

しかし、例外に注意しましょう。ly を付けると意味が変わってしまう語もあります。

・Mariko is a <u>hard</u> worker.［形容詞］
・**Mariko works <u>hard</u> in the garden.**（p.1）［副詞］

＊ hard は形容詞と副詞が同じ形です。hardly になると「ほとんど〜ない」という、全然違う意味の副詞になってしまいます。

┃例文
┃・I can hardly wait.（私はほとんど待てない→待ちきれない、
┃待ちどおしい）

* * *

bored と boring

　おなじみのイソップ寓話が3話収められています。各話は短いですので、気に入った話があれば、音読をしてもいいかもしれません。各話の最後は「教訓」で締めくくられていますので、話の内容と「教訓」が頭の中で結びつけば、きちんと理解できたと判断できるでしょう。

　"Crying Wolf" というタイトルは聞いたことがなくても、話を読んでいくうちに、聞いた（読んだ）ことがあるあの有名な話であることに気づくかもしれません。

Kosmas is a shepherd boy in Greece. […] He goes to the nearest village and cries, 'Help! A wolf is eating my sheep!' (p.1)

　これで「あ、あの話か！」とピンと来る人もいるかもしれませんね。

Crying Wolf and Other Tales

著者：Aesop ／ Janet Hardy-Gould（retold）
出版社：Oxford University Press

> bored：退屈（うんざり）して
> boring：退屈な、（人を）うんざりさせる

One evening, he is bored.（p.1）

In the end, the bear becomes bored with Mario.（p.21）

　be [become] bored with 〜で「〜に退屈（うんざり）している［する］」です。boring は「退屈な、（人を）うんざりさせる」なので、しっかり区別しましょう。I'm boring. というと「私は人を退屈させる」となってしまいます。The movie was boring. I got bored with it. のように使います。

04 | 著者は日本の大学で英語教育の経験あり

　Foundations Reading Library という GR のシリーズから 2 冊紹介します。

　このシリーズは、Level 1 から 7 までの 7 つのレベルに分かれており、それぞれの Level が 6 巻から成り立っています。各ページはカラフルで大きなイラストと、5 ～ 6 行くらいの英文で構成されています。話題は、アメリカのティーンエイジャーの学校生活、趣味、友情、初恋…など身近なもので、読んでいくうちに日常生活の英語をたくさん学ぶことができます。

　著者は Rob Waring と Maurice Jamall。両者とも日本の大学で英語を教えた経験を持つ、英語教育のプロです。各巻の巻頭に、ストーリーの中に出てくるいくつかの語句、そして登場人物がイラストと共に紹介されています。

　また、裏表紙には、ストーリーの簡単な紹介が書かれてあります。ストーリーを読み

Bad Dog? Good Dog!

著者：Rob Waring, Maurice Jamall
出版社：Thomson ELT

始める前にこれらをサッと見ておくと、スムーズに物語に入って
いけますし、中断することなく最後まで読み通すことができるで
しょう。

　ストーリーを読み始める前に、タイトルからストーリーの内容
を想像してみるのも楽しいですね。Bad Dog には「？」がつい
ており、Good Dog には「！」がついています。これを見て、私
は「bad dog と good dog の二匹がいるのかな」とか、「一匹の犬
だけど、最初は bad dog かな？と思われていたのに、エンディ
ングで good dog! と褒められるようなことをするのかな？」と
想像してみました。表紙のイラストを見ると、犬が何かをくわ
えていて、男の子が困った顔をしていますので、「やっぱり bad
dog なのかな」と思ったりするわけです。

　Mrs. Lee は二人の子ども（娘 Yoon-Hee と息子 Ji-Sung）に買
い物を頼みます。Ji-Sung は買い物に出かけることに乗り気では
ありません。彼は次のように言いながら、Yoon-Hee に連れられ
て渋々ゲームを持ちながら出かけます。

**"I don't want to do the shopping," says Ji-Sung. "I want to
play with my game."**（p.4）

　いかにも今どきの少年ですね。道中、友達の Farina の家の
前を通ると、Farina が玄関先で何匹かの犬と一緒にいるので、
Yoon-Hee は "Do you want to come to the store with us?"
（p.5）と Farina に声をかけます。Do you want to 〜? は直訳す
ると「あなたは〜したいですか」となりますが、そのように尋ね
ているわけではなく、勧誘、依頼、申し出の意味で英語母語話者

は日常生活でよく使います。つまり、上の文は「一緒にお店に行かない?」と誘っているわけです。

　Farina は、puppies の世話をしなければならないから出かけられない、けれども puppies のパパである大きな犬 Dingo は散歩に出かけたがっていて…と言います。Yoon-Hee は Dingo の散歩を引き受け、Yoon-Hee、Ji-Sung、Dingo は店まで歩いていきます。ここから少しずつ、Dingo が bad dog ぶりを発揮するのです…。

＊＊＊

　Sarah という女の子が、The Lagoon というカフェで働き始めます。そのカフェでの初日を描いた物語です。まず、オーナーのMrs. Hayes と Sarah が初めて会う場面から始まります。

"Hello, Sarah, I'm Mrs. Hayes," says a woman. (p.3)

Sarah's Surprise

著者：Rob Waring, Maurice Jamall　出版社：Thomson ELT

　Mr. や Mrs. などは「〜さん」という敬称ですが、自己紹介で自分のことを Mrs. Hayes のように呼ぶことも普通に行われます。自分のことを特にそのように呼んでほしい場合（職場の上司が部下に、学校の先生が生徒に対してなど）よくこのように使われます。

　The Lagoon では、Sarah の他に Ji-

Sung が働いています。Mrs. Hayes が二人に店番を任せて、出かけます。この後、一人の男が店に入って来ます。彼は、"Hello. Is Janet here?"（p.8）と、レジにいる Sarah に話しかけてきます。Janet が誰のことかわからない Sarah に対して、それは Mrs. Hayes のことだと男は言います。この男は Mrs. Hayes をファーストネームで呼ぶくらいの親しい人物なのでしょうか。Sarah は、Mrs. Hayes が不在であることを伝えると、彼は丁寧にお礼を言います。

　ここまでは何も問題がなかったのですが、この後、男は次のような行動をとります。

The man takes some sandwiches. He puts them in his bag. He takes an apple, too. （p.9）

　この男の行動に戸惑う Sarah はどうしたらいいのかわかりません。一緒に働いている Ji-Sung はこちらを見ていません。

The man does not give the money to Sarah. He says nothing. He walks out of the café with the food. （p.10）

　このストーリーはどのような展開を迎えるか、想像しながらぜひ読んでみてください。

05 | 進路や生き方に 迷っている人へ

　HEINLE CENGAGE Learning が刊行している Page Turners というシリーズから 2 冊紹介します。

　監修は Rob Waring 氏。氏は日本の大学で教鞭をとり、日本の英語学習者を熟知し、自身も数々の段階別多読図書を執筆しています。基本 200 語で書かれている Level 1 から、基本 2,600 語の Level 12 まで細かく難易度レベル分けされています。アクション、ロマンス、スリラー、犯罪、ミステリー、ヒューマンドラマ…様々なジャンルが揃っています。

　今回紹介する 2 冊は、Level 2 です。高校の英文法を一通りマスターできている方にとっては★ 1 つ、という感じです。特に高校生、大学生にお勧めのシリーズです。

　Brenton College 女子サッカーチームのキャプテン Estela Ramos は、対 Tacoma

The Beautiful Game
———
著者：Sue Leather, Julian Thomlinson
出版社：HEINLE CENGAGE Learning

College の試合で勝ち、Coach George Gray のところに挨拶に行きます。コーチは開口一番、"Hmm. Not bad." というそっけないコメント。

"Well," he said, "the team won, yes, but you didn't play well, Estela. You missed a lot of opportunities. And your passing — we must work on your passing. I need more from you..."（p.5）

　このように、コーチの話は数分続きます。せっかく試合に勝ったのに、称賛の言葉が全くなく、お説教ばかりされるのでは、うんざりしますよね。しばらくコーチの顔は見たくないとばかりに Estela はサッとロッカールームに引っ込みます。

　ロッカールームを出ると、Aldo Rossi という 30 歳くらいの男性が彼女を待ち構えていました。彼は仕事でイタリアからアメリカに来ているのだが、今日のサッカーの試合で妹 Carla が Tacoma College チームの選手としてプレイしていたので、その応援に来た、と言います。彼はミラノのファッション業界で働いていて、ファッションショーのためのモデルを探しているのだ…と話し続けます。

　Estela は彼の話を聞きながら、口には出しませんが、**"Where's this going?"**（p.8）と心の中で思います。文字通りには「これはどこに行くのだろう？」という意味ですが、結局彼の話の行きつくところは？　彼は（最終的には）何が言いたいんだろう？（What is he trying to say?）というような意味になります。

　結局 Aldo Rossi の目的は Estela を勧誘することでした。

Estela の美しさを褒めちぎる Aldo。ここに Coach George Gray
との大きな違いを見出す Estela。話はどんどん進み、ついにミラ
ノのファッション界デビューか？というところまで行き、Estela
はミラノに飛びます。Estela は大学もサッカーも捨てて、プロの
モデルになっていくのでしょうか…。最後に Estela は大切なこ
とに気づきます。

　自分の進路や生き方に迷っている人にぜひ読んでいただきたい
1 冊です。

＊＊＊

　タイトルからしてひょっと
すると現代社会の問題を描き
出している話なのかな、とい
う印象を受けるでしょう。そ
して、表紙の絵も何だかミス
テリアスな雰囲気を醸し出し
ていますね。

　主人公の大学生 Jack
Garcia は（彼にとってはよ
くあることなのですが）Dr.
Mason の computer security
に関する授業に遅刻します。
友人の Chris の席の隣に座り、
"Did I miss anything?"
（p.4）と尋ねる Jack。これは

Hacker
――

著者：Sue Leather, Julian Thomlinson
出版社：HEINLE CENGAGE Learning

この状況でよく使われる口語表現です。miss は「〈話・物など〉を見損なう、聞き損なう、見落とす」という意味ですから、ここまでの授業で自分は何を聞き損なったか、つまり、今、授業でやっていることを尋ねているわけです。

　教科書を使っているなら、"Where are we in the textbook?" という言い方もできます。「今、教科書のどこらへんをやっているの？」という意味です。

　Chris は授業で今やっている課題を教えてくれます。Jack はその課題をたやすくこなしてしまいます。このことから、Jack はコンピューターが得意であることがわかります。

　しかし、遅刻の常連、しかも課題になっている project をまだ仕上げていません。そして、Jack は Dr. Mason のことが好きではありません。これらは根底では繋がっているので、それをぜひ本文中から読み取ってみてください。

　Dr. Mason から、このままいくと単位を落とす、と宣告されます。このことが Jack に hacking を思い付かせます。彼は、あるきっかけをつかみ、web 上から大学の教員だけが入れる成績管理データベースに入っていくことができたのです。コンピューターが得意な彼は、何と、自分の成績をサッと書き換えてしまうのです。

　このことを、友人の Chris にだけ話すのですが、ここから彼は意図せず、hacker への道を突き進むことになるのです…。

06 | 誰もが知る童話を カラフルな挿絵付きで読む

　Oxford University Press から出版されている Traditional Tales というシリーズを紹介します。難易度は10段階に分かれており、全部で40タイトルあります。アンデルセン、イソップ、グリム等の作品の他、中国やアイルランドなどの童話など、きっと皆さんも幼い頃に読んだことがあるストーリーが、易しい英語で書かれてあります。日本語で一度読んだことがある物語だと、多少わからない単語が出てきても、文脈から意味を把握できると思います。

　また、挿絵がカラフルでとても綺麗です。大人はつい文字を目で追っていくことばかりに気を取られ、ゆっくり挿絵を見ずにページを進める傾向があると言われています。そのような方はぜひ意識的に挿絵をゆっくり見てから本文を読む、という順番に変えてみてはいかがでしょうか。

Beauty and the Beast
———
著者：Michaela Morgan
出版社：Oxford University Press

　Beauty and the Beast（『美女と野獣』）は、日本語訳も出ており、映画化され、そ

のシナリオは多読図書としても retold 版が多く出版されており、ストーリーをご存じの方も多いと思います。映画化された作品は何種類かありますが、1991 年に制作されたディズニーの長編アニメーション映画が有名かもしれません。2017 年になってその実写版が制作され、私は楽しく拝見しました。

　映画と、今回紹介するこの本は、ストーリーの細部にいくつか異なる点がありますが、大人が読んでも充分楽しめる内容になっています。

Long ago there lived a handsome prince. He was a fine fellow ― and he knew it! He had a beautiful palace with a hundred rooms and twenty-five servants. He had an enormous garden. (p.2)

　そして高価な家具や宝物に囲まれていても、王子はいつも cross で grumpy でした。なぜこのような恵まれた環境で生活をしていながら、cross で grumpy なのか考えながら読んでみてください。

　ある日、ボロボロの服を着たホームレスの老婆が彼の palace にやってきます。老婆は王子に助けを乞うためにやってきたのです。しかも、王子は以前、老婆を助けてやると約束していたのでした。しかし王子は "Get rid of this ugly old woman!" と servants に命じます。

　これを聞いた老婆は怒り、老婆が持っていた杖から光が放たれ、servants はみな消え、ハンサムだった王子は醜い beast に変えら

れてしまいます。この老婆は魔女だったのです。

The old woman cackled, "Before the roses in your garden fade, you must find someone who loves you even though you are now an ugly beast."（p.7）

この老婆の警告は何を意味するのでしょう。王子は一生この醜い beast のまま生きていかなければならないのでしょうか？

＊＊＊

この本は有名なグリム童話『赤ずきんちゃん』の現代風リメイク作品という感じになっています。

Little Red Riding Hood は、おばあちゃん（Granny）の家に一人で遊びに行くことになっているのですが、お母さんがなかなか外出の許可を出してくれません。

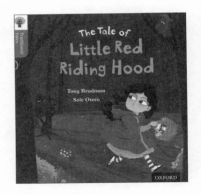

The Tale of Little Red Riding Hood

著者：Tony Bradman
出版社：Oxford University Press

Little Red Riding Hood was quite cross. This was so annoying! It had taken months of pestering to get Mother to let her visit Granny on her own.（p.3）

Oxford Reading Tree（ORT）シリーズでもよく登場する cross という語。これは、p.30 でも出てきましたが、angry とほぼ同じ意味です。多読をしていると同じ語が何度も登場してくることがよくあり、そのたびに自然な文脈の中でその語がしっかりと記憶されていきます。これが多読の強みです。

months というふうに複数形になっているのは、many months というような意味で、何か月もかけて、一人でおばあちゃんの家に行かせてほしいとお母さんを説得していたのですね。それなのに、she seemed to have changed her mind. つまりお母さんはまた考え直している様子。Granny の家に行くために通る森の中には危険なものがいっぱい潜んでいるから、とお母さんは心配しているのです。

Little Red Riding Hood は、**"I promise I'll be careful, and I've got my mobile phone."**（p.5）とお母さんを説得します。mobile phone を持っているというあたりが現代風ですね。現代風赤ずきんちゃんを、ぜひ易しい英語と綺麗な挿絵で楽しんでください。

07 | 「世界最古の歴史を持つ 児童文学賞」受賞者の作品

　アメリカの作家 Cynthia Rylant の児童書を紹介します。Rylant は、児童文学作品、絵本、短編、小説等、100 冊以上の作品を出版しており、日本語に翻訳されたものも多数あります。Missing May（『メイおばちゃんの庭』）で 1993 年度ニューベリー賞（The John Newbery Medal）を受賞しています。ニューベリー賞とは、毎年、アメリカにおける最も優れた児童文学の著者に与えられる（世界で一番古い歴史を持つ）児童文学賞です。

　このシリーズは子どもから大人まで幅広い年齢層のファンが世界中にいます。都会に住むブタ Poppleton の日常生活を描いた物語です。全部で 8 巻ありますが、どの巻から読んでもいいでしょう。それぞれの巻は 3 つの短い物語で構成されています。Cynthia Rylant の英語は、1 文が短くてわかりやすく、日常生活で

Poppleton

著者：Cynthia Rylant
出版社：Scholastic Inc.

使われる英語に満ち溢れています。

　では、Rylant による Poppleton シリーズから 2 冊紹介します。

　Poppleton は都会に住むブタです。タクシーであちこち出かけたり、公園でジョギングをしたり、美術館に行ったり…。しかしそんな都会生活には飽きてしまいます。

　そこで、ある日、**He moved to a small house in a small town.**（p.10）新居の隣に Cherry Sue という llama が住んでいました。Cherry Sue はとても friendly で、Poppleton は Cherry Sue の食卓に招かれ、一緒に食事を楽しみました。朝は oatmeal、午後は toasted cheese、そして夜は spaghetti を作ってくれました。

　最初のうちはよかったのですが、**This went on day after day. At first it was fun. But not for long.**（p.17）このように毎日 Cherry Sue が "Yoo-hoo!"（これは「おーい」という感じで遠くの人を呼ぶ表現）というふうに Poppleton を毎食事に呼ぶので、Poppleton は独りの時間も欲しいと思うようになります。

　ある日、とうとう Poppleton はこの状況に我慢ができなくなります。本文では、**"…Poppleton couldn't take it anymore."**（p.20）となっていますが、これは I can't take it anymore. で「もう限界だ／耐えられない」という意味で、英語母語話者がよく使う決まり文句です。

　Poppleton が庭の芝生に水をまいているとき（watering his lawn）、また Cherry Sue が "Yoo-hoo!" と呼ぶものですから、ついカッとなり、**Poppleton soaked her with the hose.**（p.20）ホースで水をかけられてしまう Cherry Sue。親切心から Cherry

Sue は Poppleton を手作りの食事に誘っていたのに、これでは Cherry Sue があまりにもかわいそうですね。最後はお互いの気持ちをきちんと話し合って、二人はこれまで以上に仲良くなるのですが、二人はどのような話し合いをし、最後に Poppleton がどんな行動をとり、happy ending を迎えるのでしょうか。

＊＊＊

この巻の最初のストーリーは "The Shore Day" です。

Poppleton was tired of being landlocked. He wanted to go to the shore. (p.5)

Poppleton and Friends
————
著者：Cynthia Rylant
出版社：Scholastic Inc.

be [あるいは get] tired of ～は「～に飽きる、うんざりする」という意味です。先に紹介した **Poppleton** には Poppleton got tired of city life. という文があります。英語母語話者がよく使う表現です。landlocked という語はこの巻の中で唯一難しい語かもしれません。これは「陸地に囲まれた／海岸線がない」

という意味です。

　しかし、次の He wanted to go to the shore. という文がわかれ
ば、無理に landlocked を辞書で調べなくてもよいでしょう。全
体理解の妨げにならないと思えば、どんどん読み進めていくこと
をお勧めします。

　次に "Dry Skin" というストーリーが続きます。ブタの
Poppleton が dry skin に悩まされるなんて、ついタイトルだけで
クスッと笑ってしまいます。鏡を見て Poppleton は dry skin が
気になり、Cherry Sue に電話で相談します。その時に、自分の
dry skin の様子を伝える Poppleton の表現がユニークです。

**I am as dry as an old apple. I am as dry as a dandelion.
I am as dry as a desert.**

　といった具合です。Cherry Sue が Poppleton の家にやって来
て、Poppleton をよく見てみると、Poppleton は dry skin なんか
ではない、と彼女は言います。それではいったい何だったので
しょうか。

　Cynthia Rylant が描くストーリーは、読後に必ず温かい気持
ちになったり、ついにっこりと微笑んでしまうようなものばかり
です。そんな Rylant の世界に浸りながら、知らずしらずのうち
に口語的な自然な英語にもたくさん出会うことができます。

Column 2
気に入った文章は筆写してみよう

　私が実践している勉強法の1つに、まとまった量の英文をノートに何度も書き写すというものがあります。同時通訳の第一人者として知られる國弘正雄はこれを「只管筆写」と呼びました。

　筆写の重要性について、國弘は、

「目で見た文章を手を動かして書き写しているうちに、知的記憶から運動記憶に置き換えられて自分の中に入っていきます。（中略）これを繰り返しているうちに、頭の中に英語を理解する回路が徐々に出来上がってくるのです」

　と述べています（國弘正雄編著『英会話・ぜったい・音読 挑戦編』講談社インターナショナル、2001年）。

　英語は眺めているだけではなかなか覚えられません。音読したり筆写したりすることで記憶に長く留まるようになります。

　私は洋書や新聞、雑誌を読む際に「用例カード」（本書 p.133 参照）を作ると同時に、まとまった量の英文（文章）で気に入ったものがあればノートに書き写しています。

go by... (…の名で)知られている
・The Woodone Museum of Art on March 14 opened the exhibit featuring 26 photographs of the bento made by Miki Matsuura, a designer who goes by the artist name of nancy. (AN, April 5, 2020)

・She went by the name of Beth.
彼女はベスという名で通っていた（『ジーニアス英和辞典』第5版）

用例カードのサンプル

　ただ、意味がよくわからない文章を音読・筆写しても効果はありません。きちんと理解できている英文を何度も繰り返し音読・筆写してこそ、記憶に残り、output に繋がっていきます。

08 │ 老人と老猫の交流を 楽しむ

　引き続き Cynthia Rylant が書いた、別シリーズ Mr. Putter & Tabby から 2 冊ご紹介します。

　Mr. Putter & Tabby シリーズは、それぞれが独立したストーリーなので、どの巻から読んでもいいのですが、最初はこの巻からスタートすることをお勧めします。Mr. Putter と彼のペットの猫 Tabby との出会いが描かれていますので。

　Mr. Putter は一人ひっそりと暮らしていますが、そんな暮らしが寂しく感じられ、飽きてもきました。**Mr. Putter was tired of living alone.** 一緒にお茶の時間を過ごしてくれる人、彼の話を聞いてくれる人がいてくれたらなあ、と思うようになります。**Mr. Putter wished for some company.** （この company は「会社」ではなく、「仲間」とか「一緒にい

Mr. Putter & Tabby：Pour the Tea
――――
著者：Cynthia Rylant
出版社：Houghton Mifflin Harcourt

てくれる人」という意)。

　彼は猫が欲しいと思い、ペットショップに行きます。店員によると、この店には14匹の猫がいるそうです。**Mr. Putter was delighted. But when he looked into the cage, he was not.**

　14匹も猫がいると聞いて、最初は delighted な Mr. Putter ですが、実際に猫たちを見てみると he was not（delighted）というわけです。

　それはなぜか？　彼の言い分は、その猫たちは kitten であり、cat ではない、ということです。ここで kitten（子猫）と cat の違いを確認できますね。Mr. Putter は cute や peppy な kitten ではなく、自分の年齢に近い cat が欲しかったのでしょうね。そこで、shelter へ向かいます。shelter は元ペットや野良生活を余儀なくされた犬や猫を保護する施設のことです。

"The shelter man brought Mr. Putter the old yellow cat. Its bones creaked, its fur was thinning, and it seemed a little deaf. Mr. Putter creaked, his hair was thinning, and he was a little deaf, too."

　まさに理想の company に出会い、この日から Mr. Putter と Tabby の生活が始まります。「老い」「孤独」「寂しさ」に対する著者 Cynthia Rylant の優しさが感じられる作品であり、Mr. Putter と Tabby がどんなセカンド・ライフを送っていくのか、楽しみになります。

＊＊＊

　季節は夏。Mr. Putter と Tabby は front porch, kitchen, oak tree の下、basement... どこへ行っても汗をかいて、ぐったりしています。そこで Mr. Putter に名案が浮かびます。

"Let's go to the big pond," he said to Tabby. "We'll take Mrs. Teaberry and Zeke." Their neighbors—Mrs. Teaberry and her good dog, Zeke—were sweaty, too.

　というわけで、4人（Tabby と Zeke も含む）は池までピクニックに出かけます。池畔で貸しボートを見つけ、さっそく全員でボートに乗って、shady place を探しながらボートを漕ぎます。

　Pine trees の木陰で、Mrs. Teaberry が準備したサンドイッチやサラダを食べながら、お喋りをします。**They told each other tall tales from their lives.**

　tall tale というのは「ほら話」という意味です。ですので、Mr. Putter と Mrs. Teaberry は、お互い相手の話が大げさに創作された話だと薄々気づいているのか

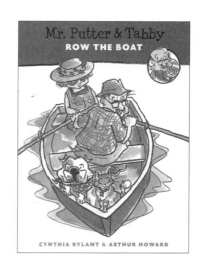

Mr. Putter & Tabby：Row the Boat

著者：Cynthia Rylant
出版社：Houghton Mifflin Harcourt

もしれませんが、それでも、They laughed and laughed at each other's stories. とあり、孤独な生活を送っていた頃に比べてすっかり明るくなった Mr. Putter の様子に、ついこちらも微笑んでしまいます。

　帰途につき、hot, sweaty, slow walk を経て、帰宅した頃には、**they were all as hot as when they left. No one knew what to do.** しかし、Mrs. Teaberry だけはどうすれば涼しくなるか、わかっていました。

　Rylant の作品にはよく動物が登場します。今回紹介した Mr. Putter & Tabby シリーズと、先に紹介した Poppleton シリーズの他、Henry and Mudge シリーズというのもあります。Henry 少年と愛犬 Mudge の物語です。難易度もだいたい同じくらいですので、どうぞ合わせて読んでみてください。

09 │ 難易度が7段階の 書き下ろしシリーズ

　Cambridge English Readers（CER）から2冊紹介します。このシリーズは、Starter から Level 6 まで、7段階の難易度に分かれています。

　英語多読に初めて挑戦なさる方や、中高生の皆さんに私がお勧めしているのは、Oxford Reading Tree（ORT）シリーズの、レベル4以上の作品をなるべくたくさん読んでから（あるいは同時並行で）この CER の Starter を読み始めるという方法です。Starter を何冊か（もちろん全てでも！）読んで、スラスラ読める感触があれば、次に Level 1 に進んでみてください。

　私は Level 2 は急に難しくなるという印象を持ちます（難易度は★3つくらい）。ですので、Level 1 をたっぷり読んでから Level 2 に進むと

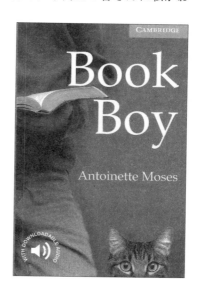

Book Boy
―――
著者：Antoinette Moses
出版社：Cambridge University Press

いいと思います。あるいは Oxford Reading Tree のレベル 7 〜 9 辺りをたくさん読んでから CER の Level 2 に入るといいでしょう。

CER は全タイトルが書き下ろしで、サスペンス、恋愛もの、コメディ等、ジャンルも幅広いので、自分の興味に合ったタイトルに出会えることでしょう。

CER は、背表紙に、total word count（語数）とジャンルが書いてあるのが特徴です。この本のジャンルは human interest となっています。これは、人間ドラマ、人情的な面白さという意味で、human interest story というと新聞・ニュースなどの 3 面記事的な話という意味になります。そしてこのストーリーの最後には主人公とペットの猫が本当に新聞の記事に取り上げられることになります。

この本は、冒頭から謎めいた文章から始まっています。**My name is David and this is my room.**（p.6）と始まっているのは、読者に対する「自己紹介」のようですが、イタリック（斜体）で書かれてあり、その後しばらくしてイタリックではなくなり、No. Again.（ダメだ、やり直し）となります。イタリックの文章は、David がパソコンに向かって打っている文章なのです。彼は本を執筆しているのです。

彼には両親がいません。彼は大量の本とともに愛猫の Socrates とひっそり暮らしています。本を執筆している場面は 1 章以外には出てきません。2 章からは、彼の日常生活が描かれています。買い物に出かけると、彼は道で寝ているホームレスの少女を見ます。少女の名前は Ella。David は、お腹を空かせている Ella に、買ってきたばかりのピザを分けてあげます。

　Davidと Ella はピザを食べながらしばらく話をします。Ella
は自分のことをあまり語ろうとはしませんが **"My father's in
prison."**（p.11）とだけ打ち明けます。両親を亡くした David は
この一言に同情心を抱いたのでしょう。住むところのない Ella
を自分の家に呼ぶことにします。

　**I like Ella. She tells me about her world and I write the
stories on my laptop. She cooks sometimes and she sings. I
feel happy with Ella in the house.**（p.17）

　このように彼らの共同生活
が 1 週間、2 週間と過ぎてい
き、ある日、Ella は忽然と姿
を消します。そして、David
のパソコンもなくなっている
のです。彼女の身に何が起き
たのでしょう…。

＊＊＊

　Rick は、結婚しているの
に仕事もせずに、毎日ギター
を弾いて曲を作り、ロックス
ターになることを夢見る青年
です。

What a Lottery!

著者：Colin Campbell
出版社：Cambridge University Press

'I play the guitar and write songs. I'm going to be a famous rock star one day.' (p.9)

　彼の社会性に欠ける人物像は、最初の4ページ、lottery を買いに行く場面からも読み取れます。ついに妻の Mary からは、

'You write your stupid songs and buy your lottery tickets and wait. What are you waiting for? Do something!' (p.13)

と言われてしまう始末。この What are you waiting for? は直訳すると「何を待っているの?」となりますが、これは会話ではよく「ぐずぐずしないで」「さっさとしてよ」という意味で使われます。Mary は当然怒っているのですが、Rick は、'What are you waiting for? That's a good name for a song.' (p.13) と呑気なことを言って、ギターを弾き始めます。Mary は愛想を尽かして、家を出ていきます。

　やっと自分の置かれている状況を理解し始める Rick。一人家に残った Rick は、つけっぱなしになっているテレビの画面に何気なく目を向けます。テレビでは lottery の当選番号が発表されています。Rick は自分が買った lottery ticket の番号を確認します。ここから、ストーリーは思いがけない方向に展開します。

10 | 日本でも愛され続ける『がまくんとかえるくん』

　HarperCollins Publishers 社から刊行されている I Can Read! シリーズは、LR（Leveled Readers）です。レベルは、My First から Level 4 まで、5段階に分かれています。ここでは、Level 2 に収められている Frog and Toad シリーズから2冊ご紹介します。

　これは、Arnold Lobel という絵本作家によって書（描）かれた、4冊から成るシリーズです。各タイトルに5編のストーリーが収録されています。アニメ化されており、また、日本語にも翻訳されている（『がまくんとかえるくん』）ので、ご存じの方もいらっしゃるでしょう。

　それぞれのストーリーは独立していますので、どのストーリーから読んでも楽しめます。本文の朗読CDも販売されていますので、テキストの本文とイラストを見ながらCDを聞き、そして今度はイラストだけを見てCDを聞き、

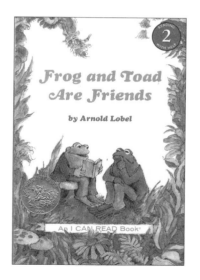

Frog and Toad Are Friends

著者：Arnold Lobel
出版社：HarperCollinsPublishers

最終的には何も見ないで音声だけに集中して聞く…さらに、自分で英文を音読してみる。この繰り返しで、頭に英文が残ります。

　一文一文がとても短く、使われている語のほとんど全てが中学で習う語ですが、すぐにでも会話で使える表現が豊かにちりばめられています。

　Toad（がまくん）と Frog（かえるくん）は、いつも一緒にいます。Toad はマイペースで呑気な性格、そしてそんな彼を Frog がしっかり支えています。二人は、お互いを思いやり、自分がしてほしいと思うことを相手にやってあげて、相手が喜ぶ顔を見たいと常に思っています。どのストーリーを読んでいても、彼らの友情や優しさに触れるたびに、こちらも幸せな気持になります。

　この本に収められている The Letter という話を紹介します。日本では「おてがみ」という題で翻訳され、小学校の国語の教科書でも採用されています。

　悲しげな表情で自宅の porch に座っている Toad は、友人の Frog に打ち明けます。

"This is my sad time of day. It is the time when I wait for the mail to come. It always makes me very unhappy."（p.54）

　そんな悲しい様子の Toad を放っておくわけにはいかないと考え、Frog は snail に協力してもらい、Toad を喜ばせようとします。

　英語では snail mail という言い方があります。これは E-mail に対しての「普通郵便」という意味で、最近（メールが普及して

から）使われるようになった表現です。メールに比べて、届くの
に時間がかかることを含意しています。

　snail と mail は最後が "ail" というふうに同じ発音で韻を踏ん
でいるので、世の中のんびりした物は多くあれどこの snail が使
われるようになったのでしょうね。

　このシリーズが書かれた 1970 年代には E-mail はなかったので、
著者がこのストーリーで郵便配達役に snail を選んだ理由はまた
別でしょうが、のんびりした snail を持ってくるあたりに、ユー
モアと温かさを感じ取れます。

＊＊＊

　この本に収録されている
The Corner という話の中で、
Frog が子どもの頃の思い出
話をする場面があります。

"**When I was a small,
not much bigger than a
pollywog,**" said Frog, "**my
father said to me, 'Son,
this is a cold, gray day but
spring is just around the
corner.'** ..." (p.20)

　Frog はこのお父さんの言

Frog and Toad All Year

著者：Arnold Lobel
出版社：HarperCollinsPublishers

葉を文字通り解釈し、「春がすぐ近くの corner まで来ている」と思って、その corner を探しに出かけた、という話です。around the corner は「角を曲がったところに」という意味以外に「すぐ間近になって」という意味もあり、よく使われます（例：Christmas is just around the corner. もうすぐクリスマスだ）。

　さて、Toad は本当にそんな corner を見つけることができるのでしょうか。この話を聞いていた Toad は、最後に Frog と一緒に春を探しに出かけます。

They ran around the corner of Frog's house to make sure that spring had come again.（p.29）

　ここでご紹介した 2 冊を読んでみて、面白い、読みやすい、と思った人はぜひ **Frog and Toad Together**、**Days with Frog and Toad** という 2 冊も読んでみてください。

11 │ 美しいビジュアルで 読み解くミステリー

　Pearson English Active Readers というシリーズの中から 2 冊紹介します。Pearson English Active Readers は現代映画の原作（が retold されたもの）、クラシックの名作、オリジナル作品などを揃えたシリーズです。所々にフルカラーの美しいイラストや写真が掲載されており、これらも本文の読解のヒントになることがあります。

　レベルは Easystarts から Level 4 までの 5 段階に分かれています。Level 4 は英検 2 級くらいのレベルであり、高校英語を習得した人は読めると思います。今回紹介する 2 冊は Level 1 です。**The Golden Seal** はアメリカ英語、**The Crown** はイギリス英語で書かれています。

　舞台はアメリカのアラスカ州にあるウニマク島（Unimak）。何年もの間、そこに住む人は誰もいなかった

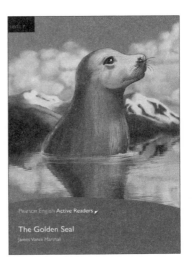

The Golden Seal

著者：James Vance Marshall
出版社：Pearson Education Ltd.

のですが、ある日、Jim と Tania という夫婦がこの島に移り住みます。この夫婦に男の子が誕生し、3人でとても幸せに暮らしていました。

　本文では、**"A little boy arrived and the family was happy."**（p.1）とありますが、この場合の arrive は「〜に着く」という意味ではなく、「〈赤ん坊が〉生まれる（= be born）」という意味で使われています。

　ある朝、Jim と Tania は salmon を探しに川に出かけます。8歳になる息子の Eric は一緒に行きたがらず、家で留守番をすることになります。午後になり、嵐が訪れます。Jim と Tania は急いで帰宅します。留守番をしているはずの Eric の姿は見当たらず、テーブルの上には次のような置手紙がありました。

　"I'm going up the sand dunes. I want to find a golden seal. Don't be frightened. I love you. Eric."（p.3）

　Jim と Tania がオロオロしていると、玄関先で物音がします。Eric が帰ってきたのかと思い戸を開けると、顔から流血した見知らぬ男が倒れこんできました。この男は Crawford という名前で、seal catcher であり、golden seal を狙っていました。実は Jim も golden seal の fur を手に入れたいために golden seal を狙っていたのでした。

　この間、Eric は golden seal に会うことができました。

　"The storm's going away, he thought. Now my mother and father are going to look for me. My father always has a gun

with him. He often talks about golden seals. He wants to find one and shoot it. People give a lot of money for the fur of a golden seal. But he isn't going to shoot this seal. She is my friend." (p.11)

　Crawford や Jim は、Eric が "friend" と呼び親しくなった golden seal を仕留めてしまうのでしょうか？　最後までドキドキ、ハラハラの連続です。

＊＊＊

「私」と Henry Long は休暇で Seaburgh というイギリスの海辺にある小さな町に遊びに来ていました。ある日、宿泊していたホテルの部屋に Paxton という見知らぬ男が訪ねて来ました。彼はどうしても二人に聞いてほしい話があると言い、私と Long は彼の話に耳を傾けます。

　Paxton は、この町のある老人から、この土地を守っている３つの王冠（three crowns）について話を聞きました。その王冠は Agers

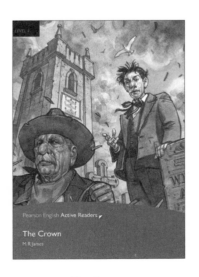

The Crown
────
著者：MR James
出版社：Pearson Education Ltd.

家によって守られていたのですが、Agers 家はもう血筋が途絶
えており、その王冠の所在地は正確にはわからないとのこと。そ
の老人はこう話します。

"One of them is in London now. Every day people on
holiday can go and look at it. One of the crowns is in the
sea. Now only one crown is in the ground.　But its magic is
working today."（p.5）

　ホテルへ帰る途中で偶然にも Agers 家の本を手にした Paxton
は、王冠の１つを見つけ出し、持って帰ってきましたが、常
に人影が付いてきていることに気づき、恐怖を感じていま
す。"Paxton was very afraid. Who ─ or what ─ was the
shadow? And what did it want from him?"（p.19）
　Long と私はその王冠を埋め戻しに行くことを Paxton に提案
します。その翌日、Paxton が行方不明に。残された Long と私は、
真相を解明できるのでしょうか。

12 | Kipper 少年一家の 日本旅行物語

　Oxford Reading Tree（ORT）を紹介します。ORT は、「国語」の教科書として、イギリスの約 80％以上の小学校で採用されています。中でも人気がある Explore with Biff, Chip and Kipper シリーズを紹介します。これは、Kipper 少年の家族を中心に、日常生活や兄姉との冒険が描かれているもので、ストーリーの結末には必ず何かしらの「オチ」（英語では punch line と言います）があります。

　難易度は Level 1 から 9 までレベル分けされ、頻繁に使う表現が繰り返し登場するため、辞書を使わずに読み進めても自然に単語や表現の使い方が文脈とイラストから理解でき、頭に残ります。

　Kipper の家庭が中心になるため、イギリスの家庭生活、学校生活、そして日常会話を存分に学ぶことができます。イギリスの文化にも触れることができますが、ここでは日本のことを扱ったものを 2 冊

Holiday in Japan

著者：Roderick Hunt
出版社：Oxford University Press

ご紹介します。

　Dad が出張で日本に行くことになりました。Gran（おばあちゃん）が家族分の旅費を出してくれることになり、家族全員で日本へ旅行することになりました。成田空港で彼らを迎え入れてくれたのは山田さん一家でした。英語では、**Mr. Yamada met them at the airport. His wife Yoko and daughter Rio were with them.**（p.5）と簡単に表現できることがわかります。

　彼らの初めての日本観光が始まります。Yoko が "It is the oldest temple in Tokyo"（p.12）と紹介しているところから、彼らは浅草寺にやって来たことがわかります。さらに、**Paper lanterns hung at the entrance.**（p.13）という文が続き、日本の事物をこのように簡単な英語を使って説明する方法を学ぶことができます。

　他にも、**The mountain was capped with snow.**（p.22）**"It is an active volcano," said Dad.**（p.23）というやり取りから、皆さんは何のことを話しているか、おわかりになりますね。

　さて、Kipper はどこへ行っても人気があります。観光地で Kipper 一家は道に迷うのですが、そのとき、小学生たちが Kipper の周りに集まってきます。

They were excited about Kipper's fair hair.（p.17）

　fair hair は「金髪」のことです。この後に紹介する本のタイトルが The Fair-haired Samurai です。これは Kipper 君のことを指していることがわかります。ちなみに fair skin というと「白

い肌」という意味になります。

＊＊＊

　Kipper は合気道を習い始めました。師範の Kenji が合気道について説明します。

"Aikido is a way of feeling," Kenji told them. "You don't need to be strong to defend yourself. Instead, you learn to turn other people's strength against them. Aikido shows you that strength comes from inside you." (p.2)

"We will learn the moves slowly at first" "The idea is to use your opponent's attack to your advantage." (p.5)

　先に紹介した Holiday in Japan 同様、日本の事物を易しい英語で説明する際のヒントが、この本でも随所に見られます。

　Kipper は、合気道の Kenji 先生に、家族で日本を旅行した際に取った写真アルバムを見せようと思い付き、部屋で準備をしていたところ、こんなことが起こります。

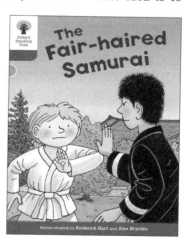

The Fair-haired Samurai

著者：Roderick Hunt
出版社：Oxford University Press

As Kipper picked up the album, the key began to glow.
(p.6)

「鍵が光り始めた」というのは、このシリーズをずっと読み続けている人にとってはお馴染みの、Kipper 兄弟が持つ不思議な鍵（magic key）のことを指しています。この key が光り始めると、Kipper 兄弟達は（時には愛犬の Floppy も）（タイムマシーンを使っているかのように、古今東西への adventure が始まってしまい）、いつの間にか異国や異次元の世界に迷いこんでいるのです。

　Kipper が辿り着いたのは、江戸時代の日本、京都二条城です。そこで思いがけず Kipper は合気道の技を使う機会に遭遇します。

　さて、Kipper 達が adventure に出かける際には magic key をしっかり持って行くので、また magic key が光ると帰宅することができるのですが、今回は key を持たずに冒険に出てきてしまいました。

　Kipper は無事帰宅できるのでしょうか…。

13 ｜ 「アメリカで最も権威ある 絵本の賞」受賞作

　アメリカの絵本を1冊ご紹介します。アメリカの絵本を読んでみたいと思う方は、ぜひコールデコット賞（Caldecott Medal）について知っておかれるといいと思います。この賞は、American Library Association（ALA）の下部組織であるAssociation for Library Service to Children（ALSC）が、アメリカで出版された最も優れた絵本に対して授与する賞です。アメリカで最も権威のある絵本の賞です。

　この賞を惜しくも逃しても「次点」として選ばれた絵本にはCaldecott Honor という賞が授与されます（例年だいたい3、4作品）。もし英語の絵本を読んでみたいけれども何を読んでいいのかわからないという人は、受賞作の中から興味を持てそうな作品を読んでみるのもいいでしょう。ここで紹介する作品はCaldecott Honor 受賞作です。

　Sophie がゴリラのぬいぐるみで遊んでいると、お姉ちゃんがやって来て"My turn" と言ってぬいぐるみを奪い取ります。「私の番よ」という意味ですね。これには（予想通りだと思いますが）Sophie は抵抗します。

When Sophie Gets Angry
— Really, Really Angry...

著者：Molly Bang
出版社：Scholastic Inc.

　しかしお母さんは、**"It <u>is</u> her turn now, Sophie."** と言います。
is に下線が引かれているのは「強調」の意味です。確かに（お姉
ちゃんの言う通り）お姉ちゃんの順番だからぬいぐるみを渡し
なさい、という意味になります。ぬいぐるみを持って行かれる
だけでなく、さらにお姉ちゃんがぬいぐるみを勢いよく奪い取っ
た（本文では **snatched away** と表現されています）のでしょう、
Sophie は転んでしまいます。

　この後の展開も予想できると思いますが、やはり Sophie は
激怒します（タイトルの通りです）。**Oh, is Sophie ever angry
now!** となります。主語と be 動詞の語順が逆になっていますね。
これは疑問文ではなく、強調しているのです。例えば、"Am I
hungry!" と言えば「もう本当にお腹ペコペコだよ！」という意
味になります。ですので、イントネーションも、語尾は上げずに、
下げます。

　ここからはしばらく、Sophie の激怒の様子が表現されていき
ます。小さいお子さんをお持ちの方、あるいは自身が子どもの頃
を思い出せる方であれば、子どもは怒るとどのような言動に出
るか、想像できると思いますし、想像しながら読み進めていくと、
多少知らない単語が出てきても、前後関係と絵（Sophie の怒り
を的確に描写しています）から理解できると思います。それでも
どうしても理解できない語は辞書で調べてみましょう。

　Sophie の怒りはなかなか収まらず、ついに、**"She runs and
runs and runs until she can't run anymore."** となります。と
うとう家を飛び出してしまう Sophie。この後はどのような展開
になっていくのでしょうか。

Column 3
「日本語に訳しながら読んでいいの?」

「英書を読む時に、日本語に訳しながら読んでしまうが、どうすればこの癖をやめられるか」というご質問をいただいたことがあります。これは、「多読をしている際に、頭の中で音読してしまっていることがある…」という問題と関連しているように思います（これにつきましては、本書の Column 1 で述べました）。

　英語読書中に頭の中で日本語に訳しながら読んでしまう、という件。これは、難しい英文を読もうとするときに特に起こることだと思います。そこで、易しいレベルの（短い英文で構成されている）本から読み始めるといいでしょう。

　それでも最初は日本語に訳しながら読むこともあるかもしれませんが、読書量が増えていくに従って、自然に英語を英語のまま読んでいる自分に気づくはずです。そのためにも、初めから難しい本を選ばず、易しい本から読み始めるというのがポイントになります。

　日本語に訳すといっても、一字一句すべてを美しい日本語に「翻訳」しているわけではないと思います。たまに日本語が頭に浮かぶくらいなら、特に気にすることはありません。

14 ｜ 全編オリジナルの　本格サスペンス

　Cambridge English Readers（CER）の中から3冊ご紹介します。本シリーズは世界中でよく読まれている英語多読用図書です。基本単語数250語のStarterから、3,800語のLevel 6までの7段階に分かれているので、自分のレベルに合った本を選んで読むことができます。全編オリジナルストーリーで読みやすく、特にサスペンスや恋愛ものが人気です。

　ここで紹介する3冊は★1.5くらいのレベルですが、このレベルでありながら充分に読み応えのある物語が多く揃っています。

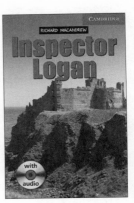

Inspector Logan
———
著者：Richard MacAndrew
出版社：Cambridge University Press

　女性警部Inspector Loganが、エディンバラ警察に赴任した初日のお話です。inspectorは、アメリカ英語では「警視正」、イギリス英語では「警部（補）」を指すようですが、このストーリーに登場するLoganは警部です。

　「妻が失踪した」と言って警察署にやって来たRobert Kerrという男性の話を、Logan警部と彼女の部下であるSergeant Grant（sergeantは「巡査部

長」に相当）が聞いています。Robert が失踪した妻 Margaret の写真を見せると、Logan 警部は、'**I can put her photo in tomorrow's newspaper.**'（p.8）と提案します。

　翌朝、ある少年が、姉に付き添われ、警察署を訪れます。新聞に掲載された Margaret の写真を見て、日曜日の午後にこの人を確かに見た、と報告に来てくれたのでした。少年は、Logan 警部に、'**... I went into a shop to buy a drink and that woman pushed into me. And she didn't say sorry. That's why I know it was her.**'（p.10）と話します。その後、Margaret は男性と車でどこかへ行ってしまった、ということまでが明らかになります。

　その 30 分後、Margaret の死体が発見されます。頭には殴られた痕があります。彼女の携帯電話も見つかりました。彼女と最後に電話で話したのは Andrew Buchan という男だということがわかります。そしてこの男は Margaret の浮気相手だったのです。この男がどうも怪しい…。しかし、Logan 警部の鋭い「勘」が働いて、事件は意外な方向に展開します。

　この Logan シリーズは CER のレベル 2 と 3 にも続編がありますので、ぜひ読み進めてください。

＊＊＊

間接疑問文

　イギリスの Exeter にある病院のベッドの上に、ある男が寝ています。道端でこの男は発見され、警察に通報され、病院に運ば

れました。Cox 医師はこの男の名前や住所を尋ねますが、男は
「わからない」と答えるばかり。この男は amnesia（記憶喪失）
に罹っているのだろうか、と多くの読者は思うのですが、実は彼
は記憶喪失を装っている、危険な人物なのです。

　そんなことだとは思っていない Cox 医師はとりあえずこの男
を John Doe と呼ぶことにします。この John Doe とは、警察や
裁判などで身元不明、または名前を伏せている男性に用いられる
仮名です（女性の場合は Jane Doe）。

　Cox 医師が勤務する病院の病室に、身元不明の男が寝ています。
目を覚ましたので、Cox 医師
は彼に名前を尋ねてみました。

"I don't know what my name is." He understands words, but he doesn't know who he is or where he comes from. (p.6)

　このように、文の一部とし
て埋め込まれた疑問文を「間
接疑問文」と呼び、疑問詞の
あとは平叙文の語順になりま
す。疑問詞が主語になる場合
は、そのまま〈主語＋動詞〉
の語順となります。

John Doe
———
著者：Antoinette Moses
出版社：Cambridge University Press

例文

・It doesn't matter to me who broke the glass.（そのグラス
を誰が割ったかはどうでもいい）

　John Doe は入院中に、看護師 Angela と知り合います。入院
中に John は、これまでに自分が行ってきた危険なゲームのター
ゲットとして、この Angela を選びます。John は体調も問題な
く、退院することを勧められます。しかし、自分の家が何処にあ
るのかわからない（ふりをしている）John のために、ある家（**a
house we use sometimes for people who don't have homes**）
で生活するようにという指示が出ます。しかし、John は病院を
出て、その家には向かいません。

**Yesterday, at the hospital they said, 'You are well now,
John. We need the bed for someone who is ill.' They gave
me the name of a house. 'Go to this house,' they said. But
I wanted to come here. This is the street where the nurse
lives. Nurse Angela.**（p.20）

　John は何故か Angela 看護師の家の近くまで来ています。彼
の目的は何なのでしょうか。
　その頃、Cox 医師が休暇中で家族と York に来ています。滞在
先のホテルで Cox 医師はテレビを見ていると、Detective Jenny
Brown という人が現れ、先週 York で起きた殺人事件について
話しています。Mary という女性が殺され、その直前まで一緒に
食事をしていたのが John Roberts という男である、と言います。

John Roberts の顔写真が画面に映し出されます。Cox 医師は驚きます。画面に映し出されたその男は、自分が病院で担当している患者 John Doe に間違いありません。Cox 医師は急いで病院に電話します。

　John Doe は今、Angela 看護師を待ち伏せています。John は Angela と会うのでしょうか。Angela は無事なのでしょうか…。

　語数制限がある中で、ここまで本格的な murder mystery というのはなかなかないように思います。私はドキドキ・ハラハラしながら最後まで一気に読みました。

＊＊＊

関係詞の what

　Venice に あ る Hotel Grand で働く 21 歳の青年 Dino には夢がありました。'**When I'm twenty-six,**' he thought, '**I'm going to meet a woman, the woman I want to marry.**'（p.6）

　あ る 日、Hotel Grand に Carla という女性が宿泊します。Carla と Dino はお互い惹かれ合い、Dino はまだ 21 歳だというのに結婚すること

Hotel Casanova
———
著者：Sue Leather
出版社：Cambridge University Press

になります。しかし Carla は驚くような過去を持つことが明らか
になり、Dino は母親の言葉をたびたび思い出すことになります。

Sometimes you must take what life gives you.（p.17）
We just see what we want to see.（p.21）

what 〜には「〜するもの（こと）」という意味があり、先行詞
を含む関係詞としての働きがあります。つまり、the thing（s）
which 〜と言い換えることができます。この what を上手く使え
るようになると、会話や作文の表現が広がります。

例文
・I couldn't believe what I heard.（自分が聞いたことが信じ
られなかった）
・This is exactly what I wanted!（これ、ちょうど欲しいと
思っていた物よ！）＊贈り物をもらった時に使う表現

さて、Dino は、結婚したことを後悔し始め、さらに物語は意
外な方向に進みます。

15 | 多読実践者に人気の シリーズより 2 冊

　多読実践者の間でも人気のあるシリーズの 1 つ、Usborne Young Reading を紹介します。オリジナル作品から文学作品の retold 版まで、幅広い種類と数の本を揃えており、カラフルな挿絵も人気の理由になっています。

so ～ that... (とても～なので…) の構文

　チョコレートの起源と歴史、そして世界中でどのようにチョコレートが伝わり発展していったかが学べます。**A thousand years ago, chocolate was a big secret. Only a few people drank it and nobody ate it.**（p.3）ということはご存じでしたか？　チョコレートの物語は、central America の rainforest に始まります。

　農夫が食べ（飲み）始めた後、マヤ文明で珍重されるようになったカカオですが、**Cocoa beans became so valuable they were used as money.**（p.12）この文は、「so ～ that... 構文」

The Story of Chocolate
著者：Katie Daynes
出版社:Usborne Publishing Ltd

が使われています。おさらいしておきましょう。"〜" には形容詞（または副詞）が入り、that 以下は文が続きます。これは中学で習う構文の１つですが、実際に英語母語話者もよく使っています。口語では that が省略されることもあります。

> 例文
> ・I was so nervous that I couldn't speak to him.（緊張しすぎて、彼と話せなかった）
> ・The teacher speaks so fast that I can't take notes.（先生の話し方が速すぎて、私はノートをとることができない）

　後半では、最終的には世界中で（日本でも）愛されている M & M'S も登場します。**Some of today's chocolate companies are gigantic. But most of them began as small family business.**（p.42）というわけで、M & M'S もそのような歴史を持っていることが詳述されています。

＊＊＊

（過去の）強い拒絶を表す wouldn't

　この本は３つの物語で構成されており、それぞれが独立していますので、どの話からでも読み始めることができます。その中から１話を紹介します。貧しい fisherman である Macintosh Mullet は、娘 Molly と二人きりで、ある島に住んでいました。**One winter, the weather was so bad that Macintosh didn't**

catch a single fish.（p.23）ここでも、先程の“so 〜 that...”が
登場しています。

　生活費に困った親子は、家にあるものを売りに出そうと思い、
Molly は wooden chest の中に所有物を詰め込んで、船で運び
出します。しばらく船を漕いだところで Captain Spike and his
band of pirates に遭遇してしまいます。彼らは Molly の chest に
目を付け、この chest の鍵を寄こせ、と要求します。

**The mean captain tried everything to make Molly talk...
but she wouldn't give him the key.**（p.25）

　このように、Molly はかたくなに拒否します。
　would not（wouldn't）を使って「どうしても〜しようとしな
かった」という、強い拒絶、拒否を表
せます。

例文
・He wouldn't give us any money.
（彼は私たちにどうしてもお金をく
れようとはしなかった）
・Though I pushed the door very
hard, it wouldn't open.（かなり強
くドアを押したのだが、全く開かな
かった）

Stories of Pirates
―――
著者：Russell Punter
出版社：Usborne Publishing Ltd

Column 4
朗読を聞いてみる

　最近の多くの Graded Readers（GR）や Leveled Readers（LR）、英語圏の児童書、絵本などに朗読 CD が付くようになりました。中でも私のお気に入りは、Arnold Lobel 著、"Frog and Toad" シリーズです。著者自身が朗読しています。

　他には、Dr. Seuss の絵本群、特に The Cat in the Hat の朗読も良いです。リズムに乗ってテンポよく進むので、活字だけだと伝わってこない楽しさを体験できます。

　多読と並行して朗読音声も楽しむために、私は次の 2 通りのことを実践しています。自分の英語力に合ったものか、それよりも難しいものを読む時には、まず本を黙読してから、今度は朗読を聞きながら本を読む。自分の英語力よりも易しいものを読む時は、先に朗読を（本文を見ずに、耳だけで）聞く。

　この場合、8 割くらいは耳だけで理解できることが条件です。数ページ分聞いていてもほとんどわからないのであれば、本を開いて文字を読みながら朗読を聞く（聞き読み）。1 回の聞き読みですべて理解できればいいですが、理解できない場合は聞き読みを 2、3 回繰り返してみるといいですね。

　最終的には本を閉じて、朗読だけに耳を傾けて内容が理解できるようになるまで繰り返し聞くと、リスニングの力がグーンとアップします。

16 | 押さえておきたい 基本の英語表現

　Step into Reading という、アメリカの児童向け LR シリーズから 2 冊紹介します。

　難易度は Level 1 から 5 までの、5 段階に分かれています。カラフルなイラストと、大きめの文字が特徴です。

if の 2 つの使い方

　この作品は、サッカーを通して友情を育む子どもたちのお話です。

　Sam のいとこで、メキシコに住んでいる Marco が、Sam の家に 1 年間滞在することになりました。Sam は Marco と初めて会うことになります。Sam はお母さんと一緒に空港へ Marco を迎えに行きます。Marco はあまり英語が話せません。そんな Marco がホームシックになったので、Sam は元気づけるため、ビデオゲームをやろうと誘います。

Soccer Sam

著者：Jean Marzollo
出版社：Random House

Don't worry if you don't get a

good score at first.（p.17）

〈たとえ〜でも = even if 〜〉

　この if を「もし」という意味に取ると文の意味がおかしくなりますね。この if は even if 〜（たとえ〜でも）と同じ意味を表します。この文は「最初はたとえ良いスコアを取れなくても気にしないで」という意味になります。

┃ 例文
┃ ・You must do the work if you don't like it.（たとえいやでも
┃ その仕事はやらなければならないよ）

　元気のなかった Marco ですが、サッカーをすることで小学校の仲間と打ち解けていきます。Sam も熱中し、学校の友達から "Soccer Sammee" という nickname を付けられます。

At first he wasn't sure if he liked it or not.（p.47）

〈〜かどうか = whether 〜〉

　ここでの he は Sam のことです。it は "Soccer Sammee" のことです。Marco は "Sam" と発音できず、Sam のことを "Sammee" と呼ぶのです。文全体で「最初は、彼はそれを気に入ったかどうかよくわからなかった」という意味になります。

┃ 例文
┃ ・He asked if I was all right.（彼は私に大丈夫かどうか尋ねた）

　後半は、2年生と3年生の草サッカーの様子が、易しい英語ながらしっかりと描写されています。

＊＊＊

比較級 and 比較級＝「ますます…」「だんだん…」

　パキスタン出身のノーベル平和賞受賞者（2014年）Malala さんが、フェミニズム、人権運動に取り組むようになるまでの軌跡を辿った biography です。

　女の子が生まれても祝福しない、家系図にその名前を載せないという文化のあるパキスタンで、Malala さんは生まれました。しかし、教師である父親は、女性にも教育が必要であることを理解し、彼女を尊重して育てていました。

When Malala was around eight years old, a mullah (a kind of religious leader) started a radio station. (...) The "Radio Mullah" grew more and more popular. (p.27)

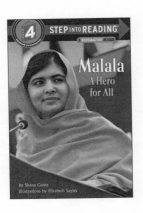

Malala: A Hero for All

著者：Shana Corey
出版社：Penguin Random House

　「Radio Mullah はますます人気を得ました」が、その内容は、テレビや映画は違法、女の子が学校へ行くのも違

法、といったことでした。

　さらに Mullah はタリバーンと組み始め、Malala さんの町まで
追ってきました。

**In January 2009, the Taliban declare that all girls' school
must close by January 15.　Fewer and fewer girls came to
class now.**（p.32-33）

　直訳すれば「ますます少ない女子が教室に来た」ですが、つま
り「学校に来る女子がだんだん減っていった」ということですね。
彼女の生活が段々悪化していることがうかがえます。

> 例文
> ・The wind blew more and more violently.（風はますます激
> しく吹いた）
> ・I became less and less interested in math.（私はだんだん数
> 学に対する興味がなくなった）
> ・It's getting colder and colder.（ますます寒くなってきてい
> る）

　その後、タリバーンに襲撃されたものの、一命をとりとめ、
ノーベル平和賞を受賞するまでが簡潔に述べられています。

17 | 日本人に馴染み深い レオ・レオニの絵本

　皆さんを Leo Lionni（1910-1999）の絵本の世界へご案内します。Lionni はオランダに生まれ、1939 年にアメリカに渡ります。1959 年、**Little Blue and Little Yellow**（『あおくんときいろちゃん』）を出版し、絵本作家としてデビューしました。それ以来、40 冊以上に及ぶ絵本を出版しました。**Inch by Inch**、**Swimmy**、**Frederick**、**Alexander and the Wind-Up Mouse** の 4 作で Caldecott Honor を受賞しています。

　ほとんど全ての作品が日本語翻訳されており、日本の小学校の国語教科書においても何度か作品が紹介されていることから、日本人にも馴染みのある絵本作家だと思います。

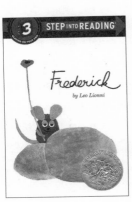

Frederick

著者：Leo Lionni
出版社：Random House

　ここでは 3 冊ご紹介しますが、最初の 2 作品（**Frederick** と **Alexander and the Wind-Up Mouse**）は、Step into Reading というアメリカの児童向け Leveled Readers（LR、学習絵本）のシリーズに入っています。

　このシリーズはカラフルなイラストと大きめの活字が特徴で、Level 1 から 5 まで 5 段階に分かれています。

Frederick と **Alexander and the Wind-Up Mouse** は Level 3 です。

冬に備えて野ネズミたちはせっせと食料を集めているのに、Frederick だけは何もせずにのんびりしています。

"Frederick, why don't you work?" they asked. "I do work," said Frederick. "I gather sun rays for the cold dark winter days."（p.10）

野ネズミたちはそんな Frederick をよそに、せっせと作業に励みますが、たまに Frederick に声をかけても、"I gather colors..." などと答える Frederick。

ある時など、Frederick が "half asleep" な状態に見えたので、仲間たちはついに reproachfully に、**"Are you dreaming, Frederick?"**（p.14）と尋ねます。Frederick は、ウトウトしているわけではなく "words" を集めているのだ、と答えます。**"For the winter days are long and many, and we'll run out of things to say."**（p.15）

そうこうしているうちに冬が訪れ、雪が降り、野ネズミたちは hideout へ入ります。

本文では **"the five mice took to their hideout in the stones"**（p.16）となっています。take to ~ は「（危険を避けて）~へ行く、逃れる」という意味です。しばらくは楽しくお喋りに興じていましたが、だんだん食料もなくなっていき、**It was cold in the wall and no one felt like chatting.**（p.21）

　そんな時、彼らは Frederick が sun rays、colors、words を集めていると言っていたのを思い出します。Frederick は「みんな、目を閉じて」と言います。さぁ、ここから何が起こるのでしょうか。彼らはみんな仲良く無事にこの冬を乗り越えられるのでしょうか。

＊＊＊

　表紙に2匹のネズミが描かれています。Alexander が real mouse、そして片方は「ぜんまい仕掛け」の玩具のネズミです。

もし、皆さんの家にネズミが現れたら、どうしますか？ **"Help! Help! A mouse!" There was a scream. Then a crash. Cups, saucers, and spoons were flying in all directions."** (p.4) Alexander はこのように人間に見つかると、いつも物を投げつけられ、箒で追い払われることになります。

Alexander and the Wind-Up Mouse

　ある日、誰もいない家の中で、Alexander は squeak を聞きます。squeak は「（ネズミの）チューという鳴き声、（ドア・床板などの）キーと

著者：Leo Lionni
出版社：Penguin Random House

いう音、（人の）キャッという声」というような意味の語です。ここで Alexander が聞いたのは、別のネズミの squeak だったのです。

しかし ordinary mouse ではありません。**"I am Willy the wind-up mouse, Annie's favorite toy. [...] Everyone loves me."**（p.10）

Annie のお気に入りのぜんまい仕掛けのネズミ Willy はみんなに好かれていると聞き、**"They don't care much for me," said Alexander sadly.**（p.10）care for 〜はこのように主に否定文で用いられ（not と一緒に）「〜が好きではない」という意味になります。

Alexander は、Willy のようにみんなに好かれるネズミになりたいなぁと思うようになります。ある日、Willy から不思議な力を持つ Lizard の話を聞く Alexander。その Lizard にお願いすれば、自分を wind-up mouse に変えてくれるかもしれないと思い、Alexander は Lizard に会いに行きます。

Alexander の優しさに触れることができる意外な結末に、つい私たちの胸は熱くなります。結末を楽しみに読み進めてください。

Swimmy

著者：Leo Lionni　出版社：Dragonfly Books

＊＊＊

　Leo Lionni の絵本の多くが日本でも刊行される中、谷川俊太郎
さんによる『スイミー──ちいさなかしこいさかなのはなし』とい
う翻訳が出版されています。また、この作品は日本の小学校の国
語教科書に収録されたこともあり、日本でも馴染みのある作品で
はないでしょうか。これを Lionni の代表作であると評する人も
多いです。

　ストーリーは、Swimmy の紹介から始まります。

A happy school of little fish lived in a corner of the sea
somewhere.　They were all red.　Only one of them was as
black as a mussel shell. He swam faster than his brothers
and sisters.　His name was Swimmy.

　ここで使われている school は「学校」ではなく、魚などの「群
れ」という意味です。例えば a school of sardines で「イワシの
群れ」。小さな魚の群れ。みんな赤いのに Swimmy だけは黒いの
です。

　ある日、tuna fish が現れて、この小さな魚の群れは逃げ惑い
ます。しかし、**In one gulp he swallowed all the little red fish.**
Only Swimmy escaped.　小さな魚たちはみんな tuna fish に飲
み込まれてしまい、泳ぎが得意だった Swimmy だけが助かりま
した。

He was scared, lonely and very sad. 兄弟仲間をすべて失っ

た Swimmy は、孤独と悲しみの中、大きな海を一人で泳いで行きます。そんな旅の道中（ではなく水中！）で、様々な海の生物に出会います。これらの生物はとても綺麗な絵とともに紹介されていますので、少しくらいわからない単語があっても推測が充分可能です。

こうして進んでいくと、**Then, hidden in the dark shade of rocks and weeds, he saw a school of little fish, just like his own.** 彼の brothers and sisters を彷彿とさせるような小さな、しかも赤い魚の群れに遭遇します。Swimmy が話しかけると、その小さな魚たちは、大きな魚に食べられてしまうのを恐れてずっと岩陰に隠れているのだと言います。

そこで Swimmy は 1 つ提案をします。みんなで泳いで行けば怖くはないよ、と。Swimmy は魚たちを率いて海の冒険を続けます。Swimmy の指導通り、そして Swimmy だけが黒色であったことで、無事にみんなで海を泳ぎ進むことができました。その辺りの事情が、Lionni の素晴らしい、壮大な絵とともにわかってくると、胸が熱くなります。

18 | シャーロック・ホームズの 名作が読めるシリーズ

　Oxford Dominoes シリーズから 2 冊紹介します。このシリーズは Quick Starter、Starter から Stage 3 までの 5 つのレベルに分かれており、有名な古典文学作品から現代物まで様々な読み物が揃っています。カラフルなイラストがストーリー理解の手助けになります。また、ページの欄外にいくつかの語句の説明や発音記号が示されていますが、読んでいて特に問題がなければこれらを見ずにどんどん読み進めればいいでしょう。

　世界中にファンを持つ Sherlock Holmes シリーズの数作がこの Oxford Dominoes シリーズの retold 版で読めるのは大変嬉しいことです。今回紹介する The Blue Diamond は「青い紅玉」という題で翻訳も出ている、有名な作品です。

　名探偵 Sherlock Holmes の友人で医師の Dr Watson がこの物語の語り手です。クリスマスの 2 日後、Dr Watson が Holmes 宅を訪ねます。部屋に入ってみると、古い帽子が椅子の背もたれにかけてあります。この帽子

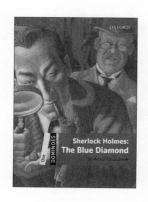

Sherlock Holmes: The
Blue Diamond
———
著　者：Sir Arthur Conan Doyle
（text adaptation by Bill Bowler）
出版社：Oxford University Press

について、Holmes はこう説明します。

'I got it from Peterson, the doorman at the Baker Street Hotel. He found it in the street and brought it here on Christmas Day for me to look at. He also brought a dead bird with him — a good fat Christmas goose — at the same time.'（p.2）

　ここで見られる、Peterson, the doorman のコンマ（,）や、a dead bird with him — a good fat Christmas goose のダッシュ（―）は、同じ人や物を言いかえたり、説明を加える時に使われます。

　Peterson がクリスマスの日の朝、路上で、肩に goose をぶら下げた、高身長の男を見かけます。路上で何らかのきっかけでこの男と若者たちとの間で喧嘩が始まり、若者の一人がこの男の帽子を叩き落とします。男は持っていた walking stick で若者を打とうとしますが、誤って彼らの背後にあるお店の窓を割ってしまいます。その男は走ってその場から去ります。その際に、goose を落として行ったのです。

　goose は Peterson が持って帰って食べることになりましたが、goose の足に "For Mr and Mrs Henry Baker" という ticket がついており、帽子には "H.B." という文字が書かれています。

　その話を聞いた Holmes と Watson の間で、「この Henry Baker なる人物を探し出そう」となるのですが、そこへ Peterson が駆け込んできます。goose を食べようとしたら、中から青いダイヤモンドが出てきた、と彼は言うのです。Holmes は

そのダイヤモンドを見て、ある事件と関連づけます。Holmes の推理はいつもながら冴えわたっています。ワクワクしながら最後まで読みきってみてください。

* * *

イタリア、トルコ、韓国等の英語圏以外の国から6つの民話を集めたものです。それぞれの話は独立していますので、面白そうだなあと思ったものから読んでいけばいいでしょう。1つの話は4〜5ページで構成されています。

"Fanta-Ghiró" は、イタリアに住む King Marco と3人の娘たちの物語です。ある日、King Marco のもとに、King Luca of Randazzo から手紙が届きます。

King Marco は娘たちに手紙の内容を伝えます。King Luca は King Marco に戦いを挑んできたのです。しかし息子がいない King Marco は、army は女性の general を好まないだろうから、この戦を乗り越えられない、と考えるのです。

ちなみにこの general に

The Teacher's Secret and Other Folk Tales

retold by Joyce Hannam
出版社：Oxford University Press

ついては、ページの欄外に "a very important person in an army" という説明が載っています。このままだと王座を乗っ取られるかもしれない、と心配する父に対して、3人の娘たちは男に扮して戦いに挑む決意を父に伝えます。

まず、長女が、そして次に次女が army を率いて戦いに挑みます。長女と次女は男性に扮したのですが、彼女たちのある言動が原因で、彼女たちが女性であることがバレてしまいます。その理由をぜひ本文中から読み取ってみてください（皆さんの中にはその理由に「納得」がいかない、という人もいるかもしれませんが。私もちょっと納得がいかなかったのですが…）。

そこで、今度は末娘の Fanta-Ghiró が男装し、army を引き連れて King Luca と対峙します。Luca は、Fanta-Ghiró が女性であるような気がしてきますが、どうも確信が持てません。Luca は母親にこのことを語ります。母は、Fanta-Ghiró が女性であるかどうかを見極める方法をいくつか伝授します。それらはどんな方法だったのでしょうか。

Fanta-Ghiró は二人の姉達とは違い、女性であることを上手く隠し通すのですが、最後にはバレてしまいます。それにもかかわらず、最後にはハッピーエンディングが待ち構えているのです。

19 | かわいい三つ子の、ほのぼのストーリー

　Walker Books Ltd. から刊行されている、Walker Stories シリーズから2冊ご紹介します。1冊ごとに独立したストーリーになっていますので、イラストや内容紹介などを見たり、書店で手に取ってみて、楽しく読めそうなものを選んでどんどん読んでみてください。

　1冊の本は3つの章から構成されていますが、これらの章は話が繋がっているので、最初の章から読み始めてください。登場人物が likable で、子どもたちはかわいくて、ほのぼのとしたストーリーばかりです。1冊の語数は1800〜2000語です。

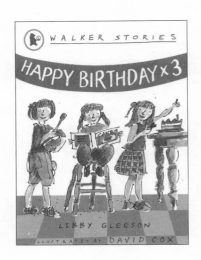

Happy Birthday x3

著者：Libby Gleeson
出版社：Walker Books Ltd.

　タイトルが Happy Birthday ×3で、表紙には3人の女の子が描かれているので、この3人の女の子たちの誕生日のことかな、と予想ができます。そして最初のページを開いてみましょう。**"Triplets'**

birthday. Three cakes, three lots of presents...”（p.7）とある
ので、表紙のイラストの女の子たちは三つ子であり、やはりこの
子たちの誕生日のお話がこれから始まるということがわかります。
　そして女の子の一人 Josephine は、**“Three times the fun”** と
言いますが、これはどうもママ（Mum）がいつも言うセリフな
のでしょう。この後にこう続きます。

　　**That was how Mum always answered when people looked
at the girls, shook their heads and said, “Three times the
work.”**
　　“Three times the fun,” said Mum.（p.8）

　このやり取りは、Mum の人柄がよくわかり、この後のストー
リー理解にも役に立ちます。この三つ子の女の子たちを見て、
人々は3人の子育てはきっと大変なことだろうと考えるのでしょ
うが、Mum は、「楽しみも3倍になる」と考えているわけです。
　女の子たちは、お互いの誕生日プレゼントのことを話し始めま
すが、プレゼントを買うためにはお金が必要です。パパ（Dad）
が、家事の手伝いをすればお小遣いをくれると言っていたことを
思い出します。そこで、Mum が、散らかっている部屋を片づけ
るように言いつけます。
　3人は片づけを始める…と思いきや、Mum がいなくなると、
床に散らかっている玩具で遊んだり、本を拾って読み始めたり
…。しばらくして Mum の「チェックに行くわよ」（**I'll be in to
check.**）という声が聞こえますが、こんな調子なので、片づけは
全く進んでいません。女の子たちは Mum がチェックしに来るま

でに片づけを終えることができるのでしょうか。

　この章の終わりに、Mum はもう１つ用事を言いつけますが、最後に、**"And this time, I'm going to help."**（p.24）とも言っています。この Mum の言葉を皆さんはどう理解なさるでしょうか。

＊＊＊

　主人公は Handa という名の女の子です。第１章の "WHERE'S MONDI ?" では、Grandma が飼っている Mondi という名の black chicken がある日いなくなります。

Handa は友達の Akeyo と一緒に Mondi を探しに行きます。道中で様々な生き物に遭遇します。hens, butterflies, mice, lizards, crickets... 初めて見る単語もあるかもしれませんが、すべてにイラストが付いているので辞書がなくてもすぐにわかります。

　Mondi は一向に見つからず、lion に食べられてしまったのではないか、と Akeyo は考えます。そんな中、cheep, cheep... という鳴き声が聞こ

Handa's Surprising Day

著者：Eileen Browne
出版社：Walker Books Ltd.

えてきます（これは何の鳴き声でしょう？）。

　そして、ようやく Mondi が姿を現します。いくら探しても見つからなかった Mondi ですが、なぜか Grandma は **"Clever Mondi!"**（p.23）と言い、Handa は、**"What a surprising morning!"**（p.24）と言います。この結末は何を意味するのか、ぜひ楽しみに読んでみてください。

　"There may be more surprise today!" という Handa の言葉でこの章は終わり、第2章の "THE FRUITY SURPRISE" に続きます。

　Handa は大きな basket にたくさんのフルーツを詰めて、その basket を頭の上に乗せて、Akeyo の家に向かいます。

　Handa balanced the big, round basket on top of her head. She stood up slowly and set off for Akeyo's village.　She could see the dry, dusty path.　But she couldn't see anything above her head.（p.28）

　自分の頭上が全く見えない中、道中で様々な生き物がまた登場し、何か不思議なことが起こり、Akeyo に会ってフルーツを渡そうと basket を頭から降ろすと、basket の中身が全く違うものに変わっています。いったい何が起こったのでしょうか。

20 | 小学生の男子の
日常生活を描いた物語

　アメリカの Candlewick Press という出版社から刊行されている、Andy Shane シリーズを紹介します。これは、小学生の男の子 Andy Shane の日常生活を描いた物語で、現在 6 巻まで出版されています。大きめの文字でイラストも多く、1 つの章が短く、読みやすいと思います。全体としては 1 冊 2,000 語前後で書かれています。

　1 冊ずつストーリーが完結しているので、どの巻から読んでもいいのですが、まずは第 1 巻（**Andy Shane and the Very Bossy Dolores Starbuckle**）を読むことをお勧めします。

　6 冊を並べて表紙のイラストを見比べてみると、第 1 巻は Andy と Dolores が睨み合っているようなイラストになっています。このように二人が「険悪な」感じに描かれているのは実はこの第 1 巻だけで、他の巻の表紙はこれに比べて二人の表情は随分と穏やかになっています。その理由は第 1 巻を読めばわかるのです。

　この第 1 巻目は、"I Hate School"

Andy Shane and the
Very Bossy Dolores
Starbuckle

著者：Jennifer Richard Jacobson
出版社：Candlewick Press

という、穏やかならぬタイトルの章から始まります。教室で、床に正しい姿勢で座っていられない Andy は、肘を床について腹這いになります。間もなくして教室の中から、**"Ms. Janice, someone is not sitting properly!"**（p.3）という声があがります（Ms. Janice は先生）。その声の持ち主は Dolores Starbuckle でした。

　本文では **"the voice belonged to Dolores Starbuckle"** となっており、おなじみの熟語 belong to ～がこのように使えるのだという発見があります。例えば、The angry voice belonged to Nancy.「怒った声は（誰かと思ったら）ナンシーだった」のように使います。

　場面は変わり、授業のシーンになります。Ms. Janice が、**"Can anyone tell me two words that rhyme?"**（p.6）とクラスに呼びかけます。rhyme とは「韻を踏む」という意味です。"More" rhymes with "door".（more と door は韻を踏む）のように言います。アメリカの小学校では低学年のころに rhyming word の勉強をします。

　Andy Shane は韻を踏む語を思いつくのですが、手を挙げて発表しようかどうしようかと躊躇します。そこでまた Dolores Starbuckle が登場します。彼女は発言したくて仕方がない様子です。

"Dolores Starbuckle jumped up and down on her knees and waved her arms like a willow tree in a windstorm."（p.7）

　我々大人が読んでいても、そういえばこんな感じの子がクラス

にいたなぁ、と懐かしい気持ちになります。そんな Dolores のことを、Andy は不快に思っています。

　しかし、あるささいな出来事がきっかけとなり、二人の関係は変わってきます。そして、あれほど学校に行きたくないと思っていた Andy が、最終的には、"**Maybe school isn't so bad.**" とまで思うようになる、その理由を探るべく読み進めてみてください。

＊＊＊

　このストーリーでは、Halloween まであと 2 週間という設定になっており、同時に Dolores の誕生日もあと 2 週間でやってきます。Dolores は Andy の家にやって来てこう言います。

"**I wouldn't want you to forget my party,**" **said Dolores.** "**And I know that you'll need time to think about my present.**"（p.5）

これを聞いた Granny Webb は、

"**Oh, we wouldn't have forgotten.**" "**I promised your mother I would help out this year.**"（p.6）

と言っているので、Andy も行かざ

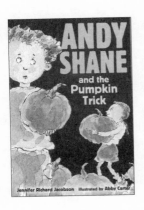

Andy Shane and the
Pumpkin Trick

著者：Jennifer Richard Jacobson
出版社：Candlewick Press

るをえなくなりました（Now he was really trapped into going.）。

　Dolores は、Granny Webb と Andy が栽培した pumpkin を見ながら、こんなエピソードを語ります。

"We bought a pumpkin at Glories of Nature, but someone came along and smashed it last night." (p.7)

　こんな酷い悪戯をする人達（tricksters）を、捕まえようということで Andy と Dolores は策を練ります。しかし、なかなか tricksters を懲らしめることまでには至りません。

　ある日、Andy は夕食を終え、食べ終わった食器を流しに運んでいた時に、ビー玉（marbles）がたくさん入っている瓶を床に落としてしまいます。ビー玉が床中に散らばり、その上に乗っかって Andy は転びます。

　それを見ていた Granny Webb は、**"Have a nice trip?　See you next fall!"**（p. 41）と言いながら笑っています。この駄洒落、わかりますか？　trip には「旅行」という意味以外に、「つまずき、足の踏み外し」という意味もあるのです。また、「過失、失言」という意味もあり、make a trip で「へまをやる」というふうにも使われます。

　さて、この失敗によって、Andy は名案を思い付きます。この辺りはおばあちゃん譲りの **"turning tragedy into fun"** の精神かもしれませんね。

21 | 少年探偵とそのいとこが 難事件、珍事件を解決

Nate the Great シリーズをご紹介します。このシリーズは、アメリカで出版されている児童書です。少年探偵 Nate 君が、愛犬 Sludge とともに、様々な難事件、珍事件を解決していきます。

主人公の少年探偵 Nate 君は、いつも友人達が持ちこんでくる、子どもの世界の日常で起こる数々の事件（case）をてきぱきと解決していきますが、今回の case はなかなか厄介です。

友人 Annie が飼っている犬の Fang のところに、毎年クリスマスの２週間前になると Mother Fang からクリスマスカードが送られてきます。しかし今年は１週間前になっても届かないので探してほしい、という Annie の依頼を引き受ける Nate。

Nate the Great シリーズを

Nate the Great and the Crunchy Christmas

著者：Marjorie Weinman Sharmat, Craig Sharmat
出版社：Yearling (Penguin Random House)

読んでいてわかる、英語の面での特徴は、一文が短いということです。本作中では長い文でも、"Sometimes Fang is so happy to see the mailman that he runs out of the house to greet him."（p.7）という程度です。

普通に日本の中学高校で教わる文法を知っていれば充分に読むことができます。先に挙げた文にはいわゆる「so ～ that … 構文」（非常に～なので…、…するほど非常に～だ）が使われています。

他 に も、"The snow was getting deeper and deeper."（p. 31）という文を見ると、「比較級 and 比較級」で「ますます（だんだん）…」と学校の英語の授業で教わったことを思い出すでしょう。

また、このような文も登場します。"On the bottom branch was Super Hex."（p. 24）これは、登場人物の一人 Rosamond が飼っている猫たちがクリスマスツリーの枝に座っているという描写です（Super Hex は猫の名前）。場所を表す語句（この場合は on the bottom branch）を文頭に出すと、主語と動詞の位置が入れ替わるのです。本来ならば、Super Hex was on the bottom branch. となるのです。この、いわゆる「倒置」についても高校で学習します。

Nate the Great シリーズは、ストーリーにユーモアがちりばめられています。Mother Fang からのクリスマスカードに、"A bone a day keeps the vet away."（p.19）というメッセージが書かれてあるのですが（vet は「獣医」）、これは、"An apple a day keeps the doctor away."（一日にリンゴ１個で医者いらず）という諺をもじったものです。

＊＊＊

　Nate the Great シリーズを紹介しましたが、その少年探偵 Nate のいとこである Olivia Sharp が主人公のシリーズもあります。今のところ４タイトルが刊行されていますが、ここではその中の第１巻目をご紹介します。

　まず、表紙を開くと、いとこの Nate からの「推薦文」が読者を迎えます。Chapter One が "Meet Olivia Sharp" で、主人公 Olivia の自己紹介になっています。ここをまずきちんと読んでおくと、これから展開されるストーリーや、このシリーズ全体の理解が容易になります。

　Olivia は penthouse に住んでおり、そこには chauffeur と housekeeper がいて、その他 "my folks" がいる、とあります。my folks は「家族」「両親」のことだと思われますが、**"But my folks aren't home much. This month they're in Paris."** (p.3) とあるので、少なくともこの本には全く登場してきません。

　以上の記述から、彼女は割と rich な家庭環境なのでは

Olivia Sharp: The Pizza Monster

著者 : Marjorie Weinman Sharmat, Mitchell Sharmat
出版社:Yearling (Penguin Random House)

ないか、と想像できます。このように人物像を想像しながら読む
のは楽しいことです。本当に rich なのかどうかは、読んでいく
うちにさらに明確になっていきます。

　この第1巻目で、Olivia の "Agent for Secrets" としての仕事
始めの様子がわかります。記念すべき最初の依頼人は Duncan と
いう少年でした。彼は電話口で、**"The world is coming to an
end."**（p.14）と言っています。Olivia は Duncan の家に向かいま
す。Duncan を **"Duncan's hair was hanging over his eyes as
if half his face was hiding from the world."**（p.22）と描写し
ているあたり、先ほどの Duncan の電話口でのセリフと合わせて
読むとつい笑ってしまいますね。
　依頼人の悩み事や問題に対して、Olivia は解決策を提案します
が、最初に思いついた解決策が必ずしも上手くいくことはない
（むしろ失敗する）ということと、依頼人が抱える「問題」とい
うのは往々にして依頼人の「勘違い」に因るものであり、Olivia
が真実に迫っていくあたりが Nate と似ており、それが理解でき
たときについ嬉しくなりニヤッとしてしまいます。
　本作を読む際に読者の皆さんも、Olivia と一緒に Duncan の勘
違いを見つけてみてください。

22 | 「エレファント・マン」の 原作を英文で味わう

Oxford Bookworms Library シリーズの中から１冊ご紹介します。中学３年間の英語学習を終えた人なら難なく読めると思います。複雑な構文や難しい単語は使われておらず、一文が短くすっきりしています。何年か前に出版されたものの多くが、美しい、魅力的な表紙デザインで装い新たに重版されています。そのように重版されたものや新刊のものには、ストーリーを完全収録したオーディオ CD も付くようになりましたので、CD もぜひ入手し、聞いてみてください。

これは、The Elephant Man と呼ばれた有名な男性 Joseph Merrick（1862-1890）についての実話で、映画や演劇、ミュージカルにもなっており、ご存じの方も多いと思います。

London Hospital の Frederick Treves という医師が、たまたま勤務先の近くの見せもの小屋で、ある "creature" を見ます。

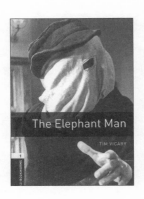

The Elephant Man
——
著者：Tim Vicary
出版社：Oxford University Press

...His head was the most interesting thing. It was very, very big —

like an enormous bag with a lot of books in it. The head did not have much hair, and there was another bag of brown, dirty skin at the back of it. This skin came down below his neck. I could not see one of his eyes very well, because a lot of skin came down in front of his face, too. (p.4)

　これが Treves 医師と The Elephant Man（Merrick）の最初の出会いでした。Simon Silcock という男が Merrick をあちこち連れまわし「見世物」にしてお金を稼いでいました。Treves 医師は Merrick をもっと詳しく観察（診察）したい、と Silcock に申し出て、翌日 cab で Merrick を迎えに来ます。

　その外見から、人々に避けられたり笑われたり、辛い生活を送っていた Merrick ですが、病院で生活するようになり、少しずつ訪問客が現れ、友達もできていきます。ページを追うごとに Merrick がだんだん明るく前向きな生き方に変わっていくことが読みとれるでしょう。

　ある日、Merrick は country（田舎、郊外）に行ってみたい、と Treves 医師に伝えます。二人は郊外に向かいます。初めて見る田園風景にワクワクしている Merrick の様子がよくわかります。

...Merrick walked under the big trees, looking at things happily, and singing his strange song. (p.31)

　こんな幸せな生活も、思いがけない最後を迎えることになります…。

Column 5
多読図書は同じシリーズを読み続けるほうがいいか？

　近年、豊富な種類の GR や LR が、様々出版社によって出版されているのはとても嬉しいことです。しかし、たくさんありすぎてどれを選んだらいいのか逆に迷っている方も多いかもしれません。

　最も重要なポイントは「自分の英語力よりもはるかに易しい英語で書かれた本を選ぶ」ことです。そして、そういう本が選べたら、今度はそのシリーズの、その難易度の別タイトルをしばらく続けて読んでみることです。

　例えば、難易度別に 4 段階に分かれているシリーズなら、一番難易度が低い（易しい）本を 2 冊くらい読んでみて、これらが自分にとってスラスラ読めるレベルだと思えば、まずはこのシリーズの同レベルの別タイトルを 5、6 冊は読んでみることをお勧めします。同じレベルの本は、使われている英語の語彙、文法、構文などが似ているので、繰り返しそれらを目にすることによって、少しずつ早く正確に読めるようになっていきます。そうなれば、次の難易度に移る時が来た、というわけです。

　逆に、ちょっと背伸びして選んだレベルが難しいと感じれば、それよりも1つ下のレベルの本を数冊（もちろん、あるだけ全てでもいいですが）読んでから、1 段階レベルを上げていく、という感じです。

　レベルを上げていくことについて急いだり焦ったりせずに、まずは同じシリーズの同じレベルの本をたくさん読み、それらに「心地よさ」を感じるようになったら次のレベルに移る、あるいは同じ難易度くらいで別のシリーズをしばらく読んでみましょう。

23 | 英語学習者用に 編集された世界の名作

　Pearson English Readers シリーズから３冊ご紹介します。このシリーズは７段階にレベル分けされており、裏表紙に、使われている英語の種類（British English, American English 等）と語数が明記されています。巻末には、内容の理解度を確認できる練習問題もあります。

　これは、長いストーリーを読むのが苦手な人にお勧めです。ちょっと変わった小話を集めた本で、１つの話がたった１、２ページの長さです。それぞれの話は独立しているので、順番に関係なく面白そうな話から読んでみてください。それぞれの話には最後に「オチ」があり、それがわかるとニヤッとしてしまいます。
　Billy という若者がある会社に就職のため面接を受けに行く、という話があります。

Stranger than Fiction: Urban Myths

著者：Phil Healey, Rick Glanvill (retold by Patty Key and Stephen Kirby)
出版社：Pearson Education Ltd.

面接が終わり、面接室を出るために出口へ向かったつもりが、緊張のためか cupboard のドアを開け、その中に入ってしまう…というくだりがあります。

'What can I do now? Do I stay in the cupboard and wait or do I go back into the office?' he thought.（p.1）

cupboard というと多くの人は（学校で習ったように）「食器棚」を想像すると思います。でも、食器棚に人が入って行くことはできないですし、しかもそこで "stay and wait" することなどできるのでしょうか？　実は、cupboard はイギリス英語では「（衣類・食物用）戸棚」「押し入れ」（同義語は closet, wardrobe, cabinet）の意味もあります。

こういう場合「英英辞書」を引いてみると面白いことがわかります。だいたいの米国版の辞書には「食器棚」という語義しか載っておらず、英国版の辞書には「衣類」（clothes）を入れるためのものでもあることが書かれてあります。**Longman Dictionary of Contemporary English** には、"a piece of furniture with doors, and sometimes shelves, used for storing clothes, plates, food etc" という定義が掲載されています。

この本では、cupboard という語が出てくる次のページに、この Billy が cupboard の中に入って、それを掃除係が発見するというシーンのイラストがあります。たとえわからない語が出てきても文脈やイラストが助けになり理解できるというのが多読用図書のありがたいところです。

基本的には辞書を引かずにどんどん読んでいくことをお勧めし

ますが、それでもどうしても気になる単語があれば、1ページに
つき1、2回までは辞書を引いてもよい、などと自分で制限して
みてはどうでしょうか。

　私の場合は、文脈やイラストからも全く想像できず、完全に初
めて遭遇した語は「英和辞書」を引きます。

　今回の cupboard のように、意味はわかっている「つもり」で
も、話の文脈からはしっくりこない…という場合には「英英辞
書」を引いてみる、というのもいいでしょう。

＊＊＊

　これは 1937 年に出版され
た、ノーベル賞作家ジョン・
スタインベック（John Ernst
Steinbeck, 1902-1968）の小
説の retold 版です。『ハッカ
ネズミと人間』という題で翻
訳も出ており、映画化もされ
ており、世界中で広く親しま
れています。

　1930 年、大恐慌時代のカ
リフォルニア。小柄で頭の切
れる George と、巨漢であり
ながら子ども並の知能しか持
たない Lennie の2人は、農
場から農場へ渡り歩きながら

Of Mice and Men
———
著者:John Steinbeck(retold by Kevin Hinkle)
出版社 : Pearson Education Ltd.

労働に明け暮れる日々を送っています。

"Lennie Small is a big man. He is friendly, and he loves animals and soft things. But Lennie is not very intelligent and he is too strong. He gets scared easily and he often hurts things by accident. George Milton is Lennie's best friend. He's smarter than Lennie, so he tries to help his friend."(Introduction)

　今は貧しく、しがない出稼ぎ労働者である二人ですが、いつかは自分たちの農場を持って豊かな生活をしたい、という夢を持ち続けています。

　そんな彼らの夢が "We'll live off the fat of the land." というセリフで何度か登場します。live off the fat of the land というのは決まり文句で「ぜいたくに［裕福に・左うちわで］暮らす、楽をして生活する」というような意味です。live off the land だけで「自給自足の暮らしをする」という意味になります。

　ここまで読んでくださった方は、何かハッピーエンディングが待っている小説なのかと思われるかもしれませんが、実は最後に悲劇が待ち受けているのです。George と Lennie が働きに出かける農場の主には Curley という息子がいます。この男の妻がなかなかの曲者。George は、"Stay away from her." と Lennie に忠告します。この忠告を覚えていたら悲劇も起こらなかったのでしょうけれど…。

＊＊＊

これは Penguin Readers オリジナル作品です。

Charles Hatfield Baker III はニューヨークでいくつもの会社を経営する大金持ちです。ある日、彼は急にいなくなってしまいます。警察は必死に捜索しますが、一向に手がかりがつかめません。きっとお金目当ての誘拐だろう、という憶測が飛び交います。

彼の一人娘の Julia は悲嘆にくれますが、気丈に振る舞います。

Julia sat near the telephone every day and every night. She never went outside. She didn't cry, because she really never cried. But she got thinner and thinner. Her eyes were red because she didn't sleep. She loved her father.（p.4）

マスコミは Mr. Baker の失踪事件について報道することを止めてしまい、警察も次第に捜索の力を弱めてしまいますが、Julia は街に飛び出します。

富豪の娘である Julia は、おそらくこれまで自分の足で街を歩き回るという経験があまりなかったのでしょう。こうして歩いているうちに、自

Project Omega
‒‒‒‒

著者：Elaine O'Reilly
出版社：Pearson Education Ltd.

分がいかにニューヨークの街を、そしてそこに住む人々の生活の
ことを知らなかったか、ということに気づきます。

**For the next three hours, Julia went through many of the
streets of New York for the first time. She didn't drive
in her father's cars. She took taxis and she walked. She
looked at buildings and she looked at people. She looked
into windows, and she saw people in their cold rooms. She
looked at women in the streets. Their faces told her about
the hungry children in their homes. She looked at men —
men without jobs and without hope.** (p.6)

　Julia はこのような現実を目の当たりにし、自分は、父のお金
を困っている人々のために有効に使いたい、と思うようになり
ます。そのような決心を胸に、彼女は父の会社である Hatfield
International に出向きます。
　そこで彼女は、この会社で進められようとしていた Project
Omega という存在を知ります。これは父の失踪と何かしら関係
があるのでしょうか。Julia は父との再会を果たせるのでしょうか。

24 | 二人の少女が
妖精たちを救う冒険の旅

　Rainbow Magic という、イギリスの人気児童書シリーズを紹介します。このシリーズは、7巻セットで1話（1シリーズ）完結になっており、現在も刊行され続けていて、特別版なども入れると合計200タイトル以上が刊行されています。

　その最初のシリーズ、The Rainbow Fairies から2冊をここで紹介します。このシリーズは、1巻ごとに話は完結しますが、第1巻目から読まないと話の流れや登場人物（妖精）の関係が理解しにくいと思いますので、第1巻の **Ruby the Red Fairy** から読み始めるといいでしょう。

be about to ～「もうすぐ
～する、まさに～しようとし
て」

　Rachel Walker という少女が、家族とともに夏休みを過ごすことになっているRainspell Island に向かう船

Ruby the Red Fairy

著者：Daisy Meadows
出版社：Scholastic Inc.

の中で、Kirsty Tate という少女と出会い、二人は仲良くなります。Rainspell Island に到着し、二人は島を散策していると、金の壺を見つけます。壺の中から、小さな妖精が現れます。

妖精は The Red Rainbow Fairy で、Ruby という名前だ、と自己紹介します。The Rainbow Fairy は 7 人姉妹ですが、彼女たちが住む Fairyland が、恐ろしい Jack Frost に呪いをかけられ、色を失った世界に変えられてしまったのです。

7 人の妖精姉妹は Fairyland を追われ、みんなバラバラに分かれてしまったのです。Rachel と Kirsty は、Ruby とともに彼女の姉妹たちを探す冒険の旅に出かけます。

船に乗って島に向かっている時に、Rachel の父親は彼女にこう言います。**"Our vacation is about to begin!"**（p.1）（私たちの夏休みがまさに始まろうとしている）

物語後半では、妖精たちの舞踏会が出てきます。**"They [The Fairy King and Queen] are about to begin the ball."**（p.34）（妖精の王様と女王様が舞踏会を始めようとしている）ball には「舞踏会」の意味があります。

be about to ～で「もうすぐ～する／まさに～しようとして」という意味になり、会話でよく使われます。

例文

・The bus is about to leave.（バスが間もなく出発する）

・She was about to burst into tears.（彼女はまさにわっと泣き出す寸前だった）

＊＊＊

S ＋ had not ＋過去分詞〜when ［before］...「Sが〜（するか）しないうちに…」

　先ほど紹介した Ruby the Red Fairy では、Ruby の魔法によって小さな妖精に変身した Rachel と Kirsty は、Ruby の案内で Fairyland を訪れました。そこで King Oberon と Queen Titania に出会いました。King から、Ruby を助けてくれたことに対して感謝の言葉を受けた Rachel と Kirsty は、他の Ruby's Rainbow sisters を探し出すお手伝いをすることを約束します。

　さて、二人は他の fairies を捜して海辺を歩きますが、貝拾いに夢中になり、両手いっぱいに拾いました。

They'd only gone a few steps when the wind suddenly stopped. (p.9)

　They'd gone（'d=had）は過去完了形で、過去形（stopped）よりも前に起きたことを表す際に使います。直訳すれば「風が急に止んだ時、彼女たちはたった数歩歩いただけでした」ということになりますが、「彼女たちが何歩も歩かないうちに風がふ

Amber the Orange Fairy

著者：Daisy Meadows
出版社：Scholastic Inc.

と止みました」という意味になるわけです。これは高校でも必ず習う構文で、英語を読んでいてもよく出会いますから、知っておくといいでしょう。

> 例文
> ・The game had not started when it began to rain.（試合が始まるとすぐに雨が降り出した）

　二人が見つけた貝殻の中から、何か小さな声がします。Kirstyが貝殻に向かって話しかけます。

"Is there a fairy in there?" "Yes!" cried the voice. "I'm Amber the Orange fairy!　Can you get me out of here?"
(P.14)

　二人は Amber を救うことができるのでしょうか。

Column 6
上級学習者にも多読図書は有効か

　英語の勉強は充分にやってきたという人を仮に「上級英語学習者」
と呼ぶことにしますが、そういう方々も多読図書を読むメリットはあり
ますか？　と尋ねられることがよくあります。基本的には、上級英語学
習者は多読図書を卒業し、大人の英語母語話者が読むペーパーバック
（PB）をどんどん読んでいくべきだ、と私は思っています。私自身は PB
と並行して多読図書も今でも読んでいます。

　多読図書とは、GR と LR を指すのが一般的です。私が今でも多読図
書を読む理由は「アウトプット」を意識してのことなのです。

　PB をどんどん読んでいく時は、自分の楽しみのために読んでいるの
で、どちらかというと内容そのものにのめり込んでいることが多いので
す。

　それに対して、多読図書は往々にして語彙が易しく、1 文も短いことが
多いので、そこに出てくる語句や表現を自分が喋ったり書いたりすると
き（アウトプット）に応用しよう、というふうに頭が働きます。また、多
読図書を読んでいると（本書においても所々でお話しさせていただいて
いますが）、普通に学校の英語の授業で学んだ語句や構文が使われて
いるということによく気付きます。ですので、それらを物語の文脈の中
で「確認」でき、よりその語句と構文が定着するというメリットがあり
ます。

　ちなみに私は常にカバンの中に（薄くて易しい）多読図書と（分厚い）
PB を入れて持ち歩いており、電車の中で疲れている時は気軽に読める
前者、集中力が漲っているときは後者を読む、というふうにしています。

25 ｜ 人気児童書ミステリーで 口語的表現を学ぶ

　アメリカの人気児童書、A to Z Mysteries シリーズをご紹介します。Dink、Josh、Ruth Rose という仲良し 3 人組が、Green Lawn（架空の町）で起こる事件を次々と解決していくというもので、タイトルがそれぞれ A から Z までのアルファベットから始まる 26 冊で構成されています。

　1 冊で 1 話完結していますので、どの本から読み始めても理解できるようになっています。口語的な、会話にすぐ使えるような表現がたくさん出てきますので、ここではそういう表現を中心にご紹介します。

fishy と bug

　Dink が、敬愛するミステリー作家 Wallis Wallace にファンレターを送り、それがきっかけになり、Green Lawn で Wallace のサイン会

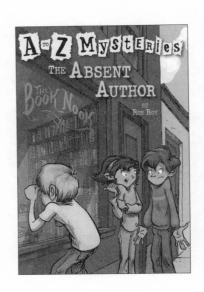

The Absent Author

著者：Ron Roy
出版社：Penguine Random House

が開かれることになりました。Dink、Josh、Ruth Rose の３人
が会場に着くと、大勢の Wallace ファンが彼の到着を心待ちにし
ています。しかし定刻をかなり過ぎても Wallace は現れません。
とうとう彼が現れないまま散会となります。

　Dink は、Wallace からの返信の中にあった、**"Short of being
kidnapped, nothing will stop me from coming!"**（p.9）という
言葉を思い出し、Wallace が誘拐されたのだと考え、３人は捜索
に乗り出します。

　３人は、Wallace が泊ることになっていたホテルで、フロント
係の従業員と話すのですが、**"Something smells fishy"**（p.48）
と Dink は呟きます。その後、**"We talked it over, and we
think there's something fishy going on on the third floor of
this hotel."**（p.66）と Dink は言います。

　これらのセリフにある fishy という語は「（話などが）疑わしい、
うさんくさい」という意味で、ミステリーにはつきものですね。

　　例文
　・There is something fishy about your story.（君の話にはう
　さんくさいところがある）

　さて、３人は、捜査過程で知ったことを整理しようと、作戦会
議を開きます。Ruth Rose が、**"...something is bugging me, but
I can't figure out what it is."**（p.62）と言います。bug は「〈人
を〉悩ます、困らせる」の意味です。ここでは「なんかひっかか
るんだけど、それがなんだかわからない」ということです。

例文

・What's bugging you?（何に困っているの？）

＊＊＊

　Dink、Josh、Ruth Rose は、Reddy という名の探偵から「銀行強盗の犯人を撮影した赤毛の高校生を探してほしい」という依頼を受けます。翌日３人は赤毛の高校生を探しに、Green Lawn High School に出かけます。

　Green Lawn High School に到着すると、Dink は Ruth Rose に、**"...keep an eye on the parking lot..."**（p.9）と言います。keep an eye on 〜 は「〜を見張る、〜から目を離さないでいる」という意味です。「駐車場を見張っていてくれよ」と頼む場面です。

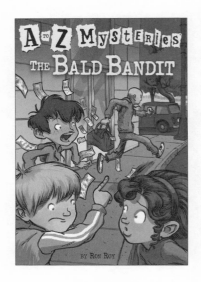

The Bald Bandit
————

著者：Ron Roy
出版社：Penguin Random House

例文

・Will you keep an eye on my suitcase while I go to the restroom?（トイレに行ってくる間、私のスーツケースを見ていてくれませんか？）

114

Green Lawn High School で有益な情報を得られなかった Dink が次に向かったのは理髪店です。理髪店なら赤毛の高校生のことを知っているかもしれないと思い、Dink は理髪店の Howard を質問攻めにします。Howard は、やたらに赤毛の高校生について尋ねるのはなぜだ？　と言います。

そこで、**Dink thought for a few seconds, then decided to spill the beans.**（p.33）となります。spill the beans で「秘密をもらす、ばらす」という意味になります。

> 例文
> ・Phillip knows about our secret plan.　Someone must have spilled the beans.（フィリップは我々の秘密の計画を知っているのだ。誰かがばらしたに違いない）

Dink は Howard から有益な情報を得て、この依頼は意外な結末を迎えます。

26 | 英米の文豪の作品に、まずは簡易版でトライ

　Pearson English Readers シリーズから 2 冊紹介します。2 作とも英米文学の古典作品であり、著者はそれぞれ英米文学を代表する文豪です。原作は難しいけれどもいつかは挑戦してみたいという方は、まずはここで紹介する retold 版をお読みになってみてはいかがでしょうか。

　イギリスヴィクトリア時代を代表する作家 Brontë 3 姉妹の長女シャーロット・ブロンテ（Charlotte Brontë, 1816-1855）の代表作、Jane Eyre を紹介します。日本語翻訳が数種類出ており、何度も映画化されています。retold 版はどうしてもストーリーが簡潔化されますので、カットされている場面は映画や翻訳をご覧になって補うことをお勧めします。

Jane Eyre

著者:Charlotte Brontë (retold by Ann Ward)
出版社:Pearson Education Ltd.

　主人公で孤児の Jane は、意地の悪い叔母 Mrs Reed に養われます。彼女には 3 人の子どもがいますが、Mrs Reed にも、これら 3 人の従姉妹にも虐められ、不幸な日々を過ごします。Mrs Reed は Jane を寄宿学校へ送る

ことを決断します。Jane がこの学校で仲良くなった唯一の親友
Helen は、この学校のことを教えてくれます。

Helen told me that many of the girls were ill because they were always cold and hungry. Mr Brocklehurst was not a kind man. The clothes he bought for the girls were not warm enough for the winter, and there was never enough food to eat. (p.5)

Mr Brocklehurst はこの学校の校長で、他に Miss Temple という head teacher がいるのですが、二人とも冷たくて意地悪な教師です。この劣悪な環境の中、せっかく仲良くなった Helen とは不幸な形で別れることになります。この劣悪な環境のせいなのですが、そこをぜひ読み取ってみてください。

Jane はこの学校を卒業し、ある屋敷に、住み込み家庭教師として雇われます。そこで働く Mrs Fairfax が温かく迎え入れてくれます。その屋敷では Adele という少女を教えることになります。やがてこの屋敷の主人 Mr Rochester と出会うことになりますが、この主人は謎多き人物。しかし、幼少時代の Mrs Reed 家や寄宿学校での不幸な日々とは全く違い、幸せな生活が送れる…と思いきや、様々な事件（？）に巻き込まれます。ある夜のこと。

The house was quiet now, but suddenly I could smell smoke. Something was burning! I ran to find out. (p.11)

煙は Mr Rochester の部屋からでした。危機一髪、Mr

Rochester を救い出した Jane。Jane と Mr Rochester は次第にお互い惹かれあうことになり、ついに結婚か？というときに、また事件が発生します。最終的に二人にはどのような運命が待ち受けているでしょうか。

＊＊＊

　エドガー・アラン・ポー（Edgar Allan Poe, 1809–1849）は、先に紹介した Charlotte Brontë とほぼ同じ時期に活躍したアメリカの作家です。彼の作品の多くは翻訳されており、日本にもファンがたくさんいます。今回紹介するこの本は、Poe の短編 4 作品を収めています。その中から、この本のタイトルにもなっている "The Black Cat" というゴシック風の恐怖小説を紹介します。

　語り手は、少年の頃から動物好きで、様々な動物を飼ってきました。妻も動物をこなく愛しています。いろいろな動物を飼いますが、中でも Pluto と名付けた猫がお気に入りで、また語り手によくなついています。もともとは kind で loving person だった

The Black Cat and Other Stories

著者：Edgar Allan Poe (retold by David Wharry)　出版社：Pearson Education Ltd.

118

語り手に、少しずつ変化が起こります。

　…It was that evil enemy of Man called Drink who was changing me. I was not the kind, loving person people knew before. I grew more and more selfish. I began to use bad language, most of all with my wife. I even hit her sometimes. And by that time, of course, I was often doing horrible things to our animals. （p.1-2）

　そうです、酒のせいで人格が変わってしまいます。Drink があたかも人であるかのように、who という関係代名詞が後に続いていますね。妻に暴力を振るい、ついに暴力は Pluto にまで及びます。

　I took my knife from my pocket, held the poor animal by his neck and cut out one of his eyes. （p.3）

　とうとうこんな虐待を行うまでになります。語り手はついに妻と Pluto を殺してしまいます。どういうわけか彼は、この殺人はバレることはないだろう、と自信満々であるようです。しかし、やはり悪事はいつまでも隠し通せるものではありません。最後に、彼のこの殺人が意外な形でバレてしまいます。どのようにして？

27 | ネイティブ用の児童書は日常会話の宝庫

　Stink シリーズから 2 冊ご紹介します。これは段階別多読図書ではなく、英語母語話者（ネイティブ）の子ども（もちろん大人も）が読む児童書です。児童書は、難しい語句や複雑な構文は使われていない点はありがたいのですが、一方で英語母語話者が普通に日常的に使っている（しかし私たちは学校では習わないような）口語表現や、文化的背景や慣習などの知識がないと理解できない場面に遭遇することもよくあります。

　最初はとっつきにくさを感じるかもしれません。しかし逆に言えば、児童書は口語表現の宝庫であり、外国の生活習慣や文化、歴史等を学ぶための最適のテキストでもあるのです。

　同じシリーズを読んでいくうちにそれらが少しずつわかってきますので、ところどころわからない点があってもあまり気にせず（どうしても気になるところだけ調べ）読

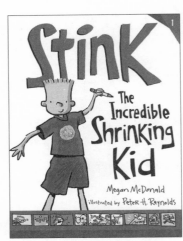

Stink: The Incredible Shrinking Kid

著者：Megan McDonald
出版社：Candlewick Press

み続けることが大切です。

　私は、気に入ったシリーズがあればそのシリーズを数タイトル（できれば全部）読むことをお勧めします。

　Stink 少年は家族で一番背が低い（except for Mouse, the cat）ことを気にしています。学年（小学 2 年生）の中でも一番背が低いのです。姉の Judy が毎朝 Stink の身長を測ってくれます。しかしずっと変わらず、three feet, eight inches tall です。Stink は、**"How can I get taller?"**（p.4）とボヤきます。

　Dad は "Eat your peas" と、Mom は "Drink your milk" と言いますが、Judy は、"Eat more seafood！" と言います。我々読者は一瞬良いアドバイスかと思ってしまうのですが、"Seafood?" と聞き返す Stink に、すかさず "Yes—shrimp！" と返す Judy。この後は、**"Hardee-har-har," said Stink. His sister thought she was so funny.**（p.4）と続きます。

　まず、"Hardee-har-har" というのは（英和辞書には載っていないと思います）誰かが面白いことを言ったつもりでいるけれども、それが自分にとっては嫌味や侮辱として言われたので全然面白くないというときに冷めた口調で言う、「はい、はい、面白いですね」という意味の語です。

「shrimp をもっと食べなさい」と言って Judy は愉快がっていますが、Stink にとっては全然面白くないのはなぜか。shrimp はエビですが、「背が低くて貧相なやつ」という意味もあるのです。こんな風に弟が姉にからかわれるというのは日常的に見られることですね。

　さて、同じ日の夜に再度身長を測定してみると…何と！　少しだけ縮んでいることがわかりました。この後、他にもいろいろな珍事件が待ち受けており、話の展開がやや早く感じるかもしれませんが、どうぞゆっくりご自分のペースでお読みになってください。

＊＊＊

　Stink は、姉 Judy と candy shop に来ています。ちなみに英語の candy はチョコレートや砂糖菓子全般も含み、いわゆる「キャンディー」だけを指すのではない、ということも知っておきましょう。

　美味しそうなお菓子がたくさん陳列されている中、Stink は Super-Galactic Jawbreaker というキャンディーを見つけます。これは、ゴルフボールよりも大きく、Stink は自分が生きてきた 7 年間の中でこれ以上に大きいキャンディーは見たことがありません。Jawbreaker なんて、おどろおどろしい名称ですね。jaw（あご）を壊すもの（breaker）というのです

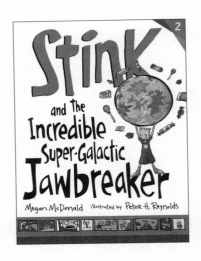

Stink and the Incredible Super-
Galactic Jawbreaker

著者：Megan McDonald
出版社：Candlewick Press

から。

　Stink は興味を示し、これを買います。Judy は、Stink が自分のためにも何か買ってくれることを期待しています。というのも、Stink は、あるところから貰ってきた gift certificate（商品券）を持っているので、Judy は当然それを期待します。

　しかし、やはり（というべきか）Stink は Judy にお菓子を買ってあげるつもりはありません。

　そこで、**"Stink's sister, Judy, was in a mood."**（p.6）となります。"be in a mood" で「機嫌が悪い」という意味です。そこで Stink は、**"... you got up on the wrong side of the bed."**（p.7）と言います。"get up on the wrong side of the bed" は「（朝から何となく）機嫌が悪い」という意味の idiom です。

　こんな調子で、しばらく idiom がどんどん出てきます。Stink は学校で教わった idiom をここぞとばかり披露するのです（Judy と Stink はどちらが多く idiom を知っているのでしょう）。この巻に限って、それらの idiom をまとめたリストが巻末に掲載されていますので、皆さんも idiom の勉強も兼ねて一読されることをお勧めします。

　巨大キャンディー Jawbreaker はいくら舐めてもなかなか減りません。やっと舐め終わっても jaw は break しないじゃないか、ということで、Stink は製造会社に苦情（？）の手紙を書きます。さぁ、どんな返事が来るでしょうか。

28 | 不思議な先生と 生徒たちのストーリー

　My Weird School シリーズから1冊ご紹介します。このシリーズはアメリカの子どもたちに大変人気があります。このシリーズは、21タイトル刊行されています。このシリーズの続編として、My Weird School Daze、My Weirder School というシリーズもあります。

　主人公のA.J.ことArlo Jervisは、Ella Mentry School（これを発音するとelementary schoolのように聞こえますね！）に通う小学2年生。今日は新しい学年の初日です。新しく担任になった Miss Daisy はクラス全員に自己紹介をするよう言います。A.J.は、実は学校が嫌いで、自己紹介の際にはっきりそう言います。

　それを聞いた Miss Daisy は、意外なことに、**"You know what, A.J.?" "I hate school too."**（p.3）と言いま

My Weird School #1:
Miss Daisy Is Crazy!

著者：Dan Gutman
出版社：HarperCollins Publishers

す。"Me and Miss Daisy had a lot in common. Maybe going to school wouldn't be so terrible after all."（p.6）と A. J. は思ったりします。

　実際に授業が始まると、実は Miss Daisy は学校が嫌いであるだけでなく、読み書きがほとんどできないということが明らかになります。Lunch の時間に子どもたちは Miss Daisy の話題でもりあがります。

"She's the weirdest teacher I ever had" "She can't read, she can't write, and she can't even do arithmetic. What kind of a teacher is that?"（p.26）

　こんなことを子どもたちは言い出し、彼女は imposter（ペテン師、身分詐称者）ではないか、と言い出す子どもまで出てきます。

　しかし、Miss Daisy のおかげで、少しずつ授業の雰囲気が変わっていきます。皆さんにはぜひその変化を読み取っていただきたいと思います。本当に Miss Daisy は読み書きができないのでしょうか。

29 | 結末のサプライズが魅力の オー・ヘンリー

　オー・ヘンリー（O. Henry, 1862–1910）の短編 5 作の retold 版です。いずれの作品も "give us vivid pictures of the everyday lives of these New Yorkers"（裏表紙）です。

　オー・ヘンリーの短編はいずれも結末に意外な surprise が待ち受けているので、その結末が理解できるととても楽しいですし、逆に理解できないともどかしい気分になります。理解できた話については、オー・ヘンリーのオリジナル英語で再度読んでみる、そして理解できなかった話については日本語の翻訳で読んでみて再度英語で読んでみるというやり方をお勧めします。

　収録作品のうち、"Soapy's Choice" を紹介します。原題は "The Cop and The Anthem" です。

New Yorkers - Short Stories

Soapy sat on a seat in Madison Square, New

著者：O. Henry (retold by Diane Mowat)
出版社：Oxford University Press

York, and looked up at the sky. (p.9)

　Madison Square は、マンハッタンにある公園です。何となく
この辺りだけを読むと、公園のベンチに座って空を見上げながら
休憩している、のどかな光景を想像してしまうかもしれませんが、
この後に次のような描写が続きます。

**He wanted three months in a nice, warm prison, with
food and good friends.　This was how he usually spent his
winters.　And now it was time, because, at night on his seat
in the square, three newspapers did not keep out the cold.**
(p.9)

　そうです、この Soapy という男はホームレスです。公園を生
活の場にしていますが、ニューヨークの冬はとても厳しいので、
彼は越冬策として刑務所に行くのです。刑務所に行くためにはわ
ざと悪事を働き、逮捕される必要があるわけです。毎年この方法
は成功していたのですが、今年は様々な悪事を試みてみるものの、
なかなか逮捕されません。
　皆さんは、Soapy がどんな悪事を働いたか、そしてなぜ逮捕さ
れないかをぜひ読み取ってください。そして、やっと最後には逮
捕されるのですが、なぜ逮捕されたのでしょうか。

30 | 自己紹介のパターンも
参考になる Zack シリーズ

　Dan Greenburg 著、The Zack Files シリーズの中から2冊ご紹介します。児童書でありながら★3つくらいの難易度なので、高校で学ぶ文法や語彙力は必要だと思います。見慣れない語もたまに出てくるのですが、それらについては会話文の中でさりげなく説明されていたり、文脈で推測がつくものがほとんどです。

　1、2ページは返り読みせずにどんどん読んでいって、知らない語があっても全体の意味がつかめるようでしたらそのまま進み、それでもわからない語があれば辞書で調べてみるのもいいかもしれません。

　このシリーズは30巻刊行されていますが、それぞれの巻でストーリーは完結していますので、どの巻から読んでもいいです。それぞれの巻の冒頭で、Zack が簡単に自己紹介していますので、どの巻からでも無理なくストーリーに入っていけます。その自己紹介の文章も、巻によって同じではなくバリエーションがあるので、皆さんが英語で自己紹介をする際の参考にしてみてください。

Great Grandpa's in the
Litter Box

著者：Dan Greenburg
出版社：Grosset & Dunlap

先ほどもお話ししましたが、Zack の簡単な自己紹介から始まります。

My name is Zack. I'm ten years old and I guess you could say I've been interested in weird stuff all my life. (p.1)

weird は「不思議な、気味の悪い、超自然的な」というような意味ですが、アメリカでは会話の中で「素晴らしい」というような意味でも使います（訳語として載せている辞書もあります）。Zack の体験は確かに不思議であり、最初は気味が悪いとすら思うこともありますが、実は「素晴らしい」と思えるような結末が待っていることが多いのです。期待しながら読み進めてみてください。

I was in the animal shelter near our home in New York City. After years of begging my dad for a cat, he finally broke down and said yes. I could get a kitten. So here I was. (p.1-2)

shelter は、元ペットや野良生活を余儀なくされた犬や猫を保護する施設のことです。

念願の kitten が飼えるということで、animal shelter にやってきた Zack。kitten や cat が入っている cage の間を歩いていると、Zack は誰かが自分を呼ぶ声を聞きます。声はすれども、姿が見えません。

I turned around, looking to see who it was. But there was nobody in sight. (p.2)

そこでそのまま cage の間を歩いていくと、cute tuxedo kitten を見つけます。この kitten を飼いたいなぁと思った矢先、また自分を呼ぶ声が。**"Where are you?"** と尋ねる Zack に、**"In the cage in back of you."** という返事が返ってきます。**"You'll pardon me for hollering," said the cat.** なんと、話しかけてきたのは cage に入った scruffy old gray tomcat でした…。まさに weird なことです。

＊＊＊

春休みに、Zack はお父さんと Florida に行くことになりました。

Saturday morning was when we were planning to leave. I was so excited, I woke up at about 6:00 A.M. The minute I opened my eyes, I realized something. I had forgotten to put my retainer in my mouth before I went to sleep. (p.3)

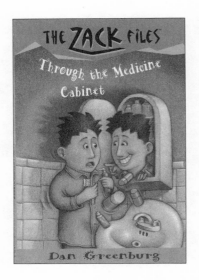

Through the Medicine Cabinet

著者：Dan Greenburg
出版社：Grosset & Dunlap

　この文章の中では、おそらく retainer が馴染みない語かもしれません。しかし、すぐ辞書を引かなくても、それは口の中に入れるものだということはわかります。

　また、すぐ後に、**A retainer, in case you don't know, is braces that you wear on your teeth at night.** とか、**It's made of wire and pink plastic.**（p.3）という説明が続くので、これで何のことか推測できる人も多いでしょう。

　しかし、読んでいくうちに、この語がわからなくてもそれほど問題ではない、ということがわかります。わからない語があってもすぐに辞書を引かないほうが、むしろその前後にヒントや説明がないかなぁと思いながら読むので、注意深く読むようになるということもあります。

　さて、Zack が retainer を探して、medicine cabinet を開けてみると、そこにはちゃんと retainer がありました。

　Yes! There was my retainer. But then, just as I was about to close the cabinet door, something weird happened.（p.4）

　いったい今度はどんな weird なことが起こったのでしょう。

31 | 大人こそ読むべき アメリカ児童文学の名作

　ルイス・サッカー（Louis Sachar）の作品を紹介します。Louis Sachar は 1954 年ニューヨーク生まれの児童文学作家で、全米図書賞とニューベリー賞を受賞しています。日本語に翻訳されている作品も少なくなく、日本の子ども達の中にも彼の作品の愛読者は多いようです。

　この作品は、Marvin Redpost シリーズの 1 作です。小学生の Marvin Redpost が主人公のシリーズで、8 冊から成り立っています。それぞれ独立したストーリーなので、どの本から読んでも構いません。

　Marvin のクラスに Joe という一風変わった少年が転校してきます。Joe はなかなかクラスにとけ込めず、クラスメイトからいじめられます（本文では be picked on と表現されています）。しかし

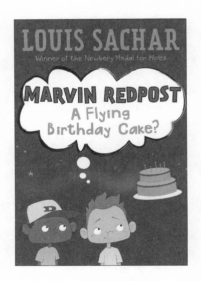

A Flying Birthday Cake?

著者：Louis Sachar
出版社：Penguin Random House

Marvin は、最初からずっと Joe に優しく接します。

　あるゲームをきっかけに、ようやくクラスのみんなは Joe のことを受け入れるようになりました。みんなが Joe に対して friendly に接するようになったのです。

　Joe は両親の仕事の関係でまた引っ越すことになりました。最後に good-bye を言うために、Joe は Marvin の家まで両親とともにやって来ます。

Joe's eyes were red, like he might have just stopped crying. "Hi, Marvin," he said. "We have to leave." (p.78)

　Joe は両親に Marvin のことを **"my best friend in the whole universe"** と紹介しました。

Marvin felt sad, but he was glad that Joe stopped to say good-bye.　And at least he knew he wasn't saying good-bye forever. (p.81)

　再会を誓って別れる Marvin と Joe。新しい友達ができ、仲良くなって、これからもっといろんなことを語り合ったり、友情を深めたり…というときに引越しの日を迎えた Joe。そんなとき不意に襲ってくる寂しさや悲しさ、仲間たちから離れることの不安や孤立感…。そのような子どもの心理を Sachar は巧みに描写しており、児童書ながら大人にこそ手にとってほしい作品です。

Column 7
用例カードを作ってみよう

　私は英語読書をしていて、知らなかった単語、あるいは受動語彙（読んで理解はできる語）ではあるけれど能動語彙に変えていきたい（つまり、自分でも会話や作文で積極的に使っていきたい）と思う単語や表現に出会うと、カードに記していきます。これを私は（恩師の國弘正雄に倣って）「用例カード」と呼んでいます。使用するカードは「京大式カード」（B6 版）。梅棹忠夫著『知的生産の技術』で京大式カードが紹介されているのを読んで以来、ずっとこれを使っています。

　1 枚のカードには 1 単語（あるいは 1 表現）のみ。単語の場合、その単語を含む文（原文）、そしてその語の定義と例文を辞書から書き写します。1 枚のカードにあまり多くの情報を盛り込み過ぎない、というのがポイントです。最大で 1 枚のカードに 2 文まで（原文＋辞書の例文）。出典も必ず書くようにしています。

　例えば、私が毎週読んでいる（そして連載を執筆させていただいている）Asahi Weekly から引っ張ってきた文や単語なら「AW, 2018.12.10」というふうに、発行日も書いておきます。小説であれば、翻訳も刊行されて（そしてそれを持って）いるなら、その訳文も一緒に書いておきます。京大式カード専用のファイルもありますので、簡単に整理できます。

　私の場合は市販の（既成の）単語帳ではあまり覚えられないので、このように読書をしていく中で、自分で覚えてみたいと思った単語を「文ごと」カードにしていくほうが覚えられるのです。自分の手で書き写し、そして常に持ち歩いて、暇な時にカードをシャッフルして眺めなおしたり音読したり…。この繰り返しでしっかり頭に定着していきます。

32 │ 「犬目線」がおもしろい
名探偵犬シリーズ

　犬の名探偵シリーズ、The Buddy Files を紹介します。主人公の犬 Buddy（King）が、犬仲間の協力を得ながら、見事な推理力を駆使して事件を解決していきます。

for ～「～のわりには」

　犬の King の飼い主一家が失踪し、King は pound（野犬などの収容所）に入ります。そこへ、Connor 少年と母親がやって来ます。母親は、Four Lakes Elementary の校長に就任する予定で、学校で飼うための犬を探しています。

　pound の職員は、Connor 親子に King を紹介します。

"He's very calm and laid back for a golden retriever."
（p.19）

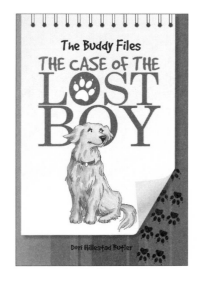

The Case of the Lost Boy

著者：Dori Hillestad Butler
出版社：Albert Whitman & Company

「King が golden retriever にしてはとても温和でのんびりして
いる」ということなのですが、ここで、for に注目してみましょ
う。この for は「～のわりには」という意味です。

例文
・Nancy looks young for her age.（ナンシーは歳のわりには
若く見える）
= Nancy looks younger than she is.

母親は King を気に入り、息子に、**"What do you think,
Connor? Should we adopt this fella?"**（p.20）と尋ねます。そ
れを聞いた King は **"Humans do not adopt dogs. Dogs adopt
humans!"**（p. 20）と思います。このように、この物語は一貫し
て「犬目線」で、King の語りで進行します。他にも犬目線の描
写はたくさん見られますので、それらに出会うとついニヤッとし
てしまいます。

Connor 家に引き取られた King は、Buddy と名付けられまし
た。元の飼い主である Kayla 親子の捜索に着手しようとしてい
た矢先、Connor が失踪します。思いがけず Buddy は Connor の
捜査をすることになるのでした。

＊＊＊

tell「〜がわかる」

　ある日、Buddy は Connor 親子に連れられて obedience school（〔犬の〕しつけ訓練学校）に行くことになります。そこでは飼い主が犬のしつけの練習をしていますが、Buddy は参加者（犬）の中に、全く飼い主の指示に従わない犬を発見します。

　実は、この飼い主 Kathy が連れている犬は彼女の飼っている犬ではなく、見ず知らずの Owen という人が「意図的に」自分の飼っている

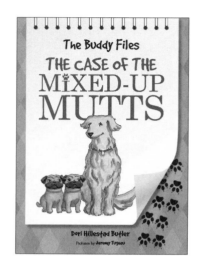

The Case of the Mixed-Up Mutts

著者：Dori Hillestad Butler
出版社：Albert Whitman & Company

犬と Kathy の犬とをこっそりすり替えて、Kathy の犬 Muffin を連れ去ったのです。今 Kathy と一緒にいる犬は Jazzy という名で、本当の飼い主は Owen というわけです。Buddy は、Jazzy と Muffin を元の飼い主に戻すために奔走することになります。

　先述の通り、物語の中に「犬目線」の描写が散見されるところがこのシリーズの魅力になっています。例えば、こうです。

Here's a problem with humans: Sometimes it's hard to tell what they really want you to do. (p.13)

　こういう場合の tell は「言う」ではなく「わかる」という意味です。英語母語話者はよく使いますし、この物語の中にも頻繁に登場します。

A dog can always tell when human isn't telling the truth.（p.116）という文もあります。最初の tell が「わかる」、2番目の tell（ing）は「言う」（tell the truth: 本当のことを言う）ですね。

例文
・I can't tell what's the matter with my brother.（弟がどうしたのか私にはわからない）
・There is no telling what will happen in the future.（将来何が起こるか何とも言えない）

33 | 性格が真逆の女の子、 Ivy と Bean の物語

　Ivy + Bean という、アメリカの人気児童書シリーズを紹介します。このシリーズは 11 巻で構成されています。

　Bean はお勉強と「退屈なこと」が苦手でおてんばな女の子。 Ivy はいつも静かに本を読んでいるようなタイプ。Bean は、性格が真逆である Ivy を敬遠していましたが、あるきっかけで二人は仲良くなります。

　このシリーズを通じて、会話でよく使われる口語表現をたくさん学べます。

try on「〈服など〉を試着する」

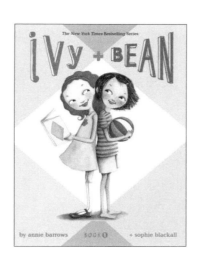

Ivy + Bean

著者：Annie Barrows　出版社：Chronicle Books

　ある日、Bean は母と姉 （Nancy） と買い物に出かけます。Bean は買い物が大嫌い。しかし Nancy は買い物好きで、この日は母と Nancy に無理やり連れ出されたのでした。

　Nancy はスカート 1 つ買

うにしても試着を繰り返し、いつまで経っても買うスカートを選べずにいます。

　そんな姉 Nancy の傍で、Bean はイライラします。何せ退屈（boring）なことが嫌いな Bean は、Nancy はわざと時間をかけて Bean を退屈させ、苛立たせているのではないかと考えます。Bean と Nancy は普段から仲が悪いのです。

　試着室での描写と Nancy のセリフを見てみましょう。

Nancy was trying on skirts. Lots of skirts.（p.15）/ **"I think the skirt costs too much, Mom. I think I'd rather try on some tops."**（p.18）

例文
・I tried the jeans on but they were too small.（そのジーンズを試着してみたけど、小さすぎた）
・May I try it [them] on?（試着してもいいですか）
＊客が店員に尋ねる表現。pants, trousers, jeans 等は１着でも複数扱いなので、代名詞は them を使います。

　Nancy によってイライラさせられたため、Bean は Nancy への仕返しを計画し、準備に入ります。そして Bean は意外な形で Ivy と出会い、仲良くなり、二人は奇妙なことに没頭していきます。

＊＊＊

What if 〜？「もし〜したらどうなるのか」

　Ivy, Bean, Emma, Zuzu の 4 人の女の子達は、Gymnastics Club で cartwheel（腕立て側転）の練習をしていますが、Ivy だけ何もやろうとしません。Zuzu が "**Aren't you going to do a cartwheel, Ivy?**" と尋ねると、"**I'm guarding the jackets,**" と Ivy は答えます（p.10-11）。

　最終的には Ivy が、こんなことを言いながら、ある方向を指さしています。

　"**Like I was saying, I can't do a cartwheel at the moment,**" "**...we've got an emergency situation going on.　Right over there.**"（p.15）

　女の子達は Ivy が指さす方向を見ますが、そこにあるのは女子トイレ。普段と何も変わりがないトイレを見て、Ivy が言いたいことが理解できない彼女達。Ivy は、Bean だけにこっそり打ち明けます。"**It's a ghost! The bathroom is haunted!**"（p.23）

　そこで二人は potion を

Ivy + Bean
and the Ghost That Had to Go

著者：Annie Barrows　出版社：Chronicle Books

作って ghost を追い出す計画を立てます。
「自分の家に ghosts がうろついていても別に気にしない」とい
う Ivy に対して、Bean がこう尋ねます。

**"What if it [=a ghost] creaked open your closet in the
middle of the night," "...and you could hear it breathing?"**
（p.72）

What if 〜？は "What will [または would] happen if 〜？" の
ことですが、"What if 〜？" という形でよく使われます。

‖ 例文
‖ ・'What if it rains tomorrow?'「明日、雨が降ったらどうしよ
‖ う？」

2人の幽霊退治はどうなるのでしょうか？

Column 8
単語の覚え方

「単語をどうやって覚えればいいか?」「単語の効果的な覚え方は?」という質問を学習者の方々からよくいただきます。単語帳を使ってコツコツ暗記していくというのも1つの方法だと思いますが、私は英語読書を通じて覚えていくのが一番だと思っています。

　言語学者 Guy Cook は、記憶に関する心理学の理論である「観念連合理論」(associationism) というものを著書の中で紹介しています。Cook によるとこの理論は「意味のつながらない文の羅列よりも意味のつながった文章のほうが情報を記憶しやすいことや、文章と出来事の間に関連を持たせることが記憶を促すということを主張した理論」だそうです (Guy Cook 著:Translation in Language Teaching, Oxford University Press, 2010 参照)。

　これは単語の記憶にも当てはまりますね。「意味のつながった文章」の中で繰り返し登場する単語は記憶にも残りやすいです。繰り返し登場する単語は、辞書を引かなくても文脈から自ずと意味がわかることが多いです。

　しかし辞書を引いてはいけないとは思いません。ダメ押し(?)の意味で、辞書できちんと意味や用法(用例)を確認するとさらに記憶に残りやすいものです。逆に言えば、わからない単語に遭遇したときに、すぐに辞書を引くのではなく、文脈の中でその語の意味を予想してみてから辞書を引くようにするといいでしょう。

　単語は、特に多義語の場合は文脈によって様々な意味になるものなので、文脈から切り離して覚えても「使える」ようにはなりにくいのです。読書を通じて語彙を増やしていくのが一番です。

34 ｜ 世界で親しまれる ロアルド・ダールの作品

　児童文学作家として、世界中で親しまれているロアルド・ダール（Roald Dahl, 1916-1990）の作品を2つ取り上げます。ダールの作品は多くの国で翻訳されており、映画化、テレビドラマ化されたものも多いです。

　映画化されたものでは、ジョニー・デップが出演している **Charlie and the Chocolate Factory**（2005年、アメリカ。邦題『チャーリーとチョコレート工場』）がよく知られているでしょう。彼の作品をきっかけに英語読書にのめり込んでいったという大人の方を何人も見かけました。

　ここでは **Dirty Beasts** と **The Vicar of Nibbleswicke** という2作品を紹介しますが、これがスラスラ読めるという人は、**The Magic Finger**、**Esio Trot**、**Fantastic Mr. Fox** が同じくらいの難易度なので、これらを読んでみることをお勧めします。これらより少し難易度が上がるのが、**Charlie and the Chocolate Factory** になります。彼の作品を原書（オリジナル）で読んでみることにもぜひ挑戦してみてください。

　ダールの英語表現は教養人の標準的

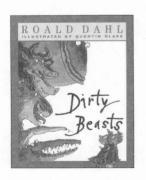

Dirty Beasts
————
著者：Roald Dahl
出版社：Puffin Books

現代英語であると言われており、彼の作品は日本の大学で使われ
る英語の教科書にもよく採用されています。

be not about to ～

　タイトルにある dirty という語には様々な意味がありますが、
ここでは「いやな」くらいの訳語が相応しいかもしれません。そん
な動物たちを中心に繰り広げられる短編9つを集めたものです。
眉をひそめたくなるような動物たちであっても、話の終わりに近
づくと（愛せないまでも）つい吹き出してしまう、そんな奇妙な
動物たちが登場します。それぞれの話が独立していますので、ど
の話から読み始めてもいいでしょう。

　この作品の最大の特徴を見つけるために、ぜひ声に出して読ん
でみてください。そうするとすぐに気づくことがあります。2行
ずつ、最後の語が韻を踏んでいるのです。韻を踏む語の組み合わ
せを考える必要もあってか、簡単に読み進めることができそうで
いて学校ではあまり習わないような語も多く出てくるので、難易
度は★4つとしました。

　"The Porcupine" という話を紹介します。次のように始まりま
す。韻を踏んでいるのがおわかりいただけるでしょうか。

　Each Sunday I shout "Hooray!"
　For that's my pocket-money day,
　(Although it's clearly understood
　I only get it when I'm good.) (p.16)

　主人公の少女は良い子にしていたので pocket-money を貰い、そのお金でお菓子を買うと、いつも行く自分だけの秘密の場所に向かいます。

　ちょうどそこに、座り心地の良さそうな（comfy-looking）ちょっとした mound を見つけます。そこに腰かけてお菓子を食べようと思い、腰を下ろした途端、少女は悲鳴を上げて跳び上がります。その mound は何と porcupine だったのです。少女のお尻には porcupine の針がいっぱい刺さっています。家に走って帰り、お母さんにお尻の針を抜いてほしいと懇願します。しかしお母さんはこう言います。

"I personally am not about to try to pull those prickles out."（p.17）

　be about to ～だと「まさに～しようとして」という意味になるのですが、これを否定文（be not about to ～）で使うと、（行わないという強い意志・決意を表して）「～するつもりはない」という意味を表すことができます。be not going to ～よりも強い意志・決意を表すことができます。

> **例文**
> ・I'm not about to give up.「私は決してあきらめたりはしない」
> ・I'm not about to give him any more money!「もうあいつには絶対金をやらないぞ」

＊＊＊

Reverend Lee（リー牧師）は Nibbleswicke という小さな村の牧師です。今では誰からも好かれる敬虔(けいけん)な司祭ですが、着任したての若い頃はそうでもなかったのです。そんな若い頃の Reverend Lee の描写を見ていきましょう。

Nibbleswicke 村に赴任した初日の夜、彼は一人きりで職務を全うできるのか不安な気持ちになり、なかなか眠ることができませんでした。翌朝、目が覚めると、彼は大変特殊な病に罹(かか)っていました。実は彼は少年時代に dyslexia（難読症）を克服した経験を持つのですが、子どもの頃の dyslexia とどこか繋がっているのではないかと思えるような症状が現れてきたのです。

The Vicar of
Nibbleswicke
———
著者：Roald Dahl
出版社：Puffin Books

"He would be talking to somebody and suddenly his mind would subconsciously pick out the most significant word in the sentence and reverse it." "...he would automatically spell the word backwards and speak it in that way without even noticing what he had done." (p.17)

例えば、trap が part、God が dog、そして spirit が tirips になる、といった具合に、単語の中の文字の並び方が変わってしまい、

全く別の語か、場合によっては失礼な、あるいは卑猥な意味を持つ語になってしまうのですが、彼は自覚症状がないので、それらをそのまま口に出してしまいます。

too + 形容詞 + a + 名詞

このように、Reverend Lee はとんでもない言葉を口にすることもあり、初めのうちは人々は彼のことを barmy だと考えるのですが、しかし、決して悪い人ではなく、pleasant で harmless な人だと思うようになりました。

Yet the Reverend Lee was too nice and gentle a man for anyone to bear any deep malice towards him. (p.28)

「あまりにも nice で gentle な人」の語順に注意してください。a too nice and gentle man ではなく、too nice and gentle a man となります。

例文
・It was too long a speech.（それはあまりにも長い講演だった）
・It's much too hot a day for work.（今日は仕事をするにはあまりにも暑い）

It is ～ that [who]... 強調構文

Reverend Lee のこの「症状」の原因を見つけてくれたのは村医でした。

In the end it was the local doctor who guessed what was wrong. (p.37)

これは、いわゆる「強調構文」と呼ばれるもので、「～」に強調したい語句を置きます。ここに置いて強調されるのは、(代)名詞と副詞語句です。「～」に来る語句が「人」の場合は that の代わりに who が用いられることもあります。

> 例文
> ・It is that CD over there that I want to buy.（私が買いたいのはまさにあそこにある CD だ）
> ・It was in America that we first met.（我々が初めて会ったのはアメリカだった）

この村医によると、Reverend Lee は Back-to-Front Dyslexia に罹っており、治療法もあるそうです。その治療法を実践することになる Reverend Lee。彼の症状は回復するのでしょうか。

35 | 古典文学の傑作から 知的な会話を学ぶ

　Macmillan Readers シリーズから 4 冊ご紹介します。このシリーズは 6 段階の難易度にレベル分けされており、オリジナルの書き下ろし作品から、世界の古典文学まで、数多くのタイトルが揃っています。今回紹介する 4 冊は全て英米文学作品の retold 版で、易しく書き換えられているとはいえども、読みごたえがある作品です。4 作品とも、英語母語話者たちは中学校や高校で必ず読んでいるような名作で、こういう作品を読んでおくと、英語母語話者と知的な会話が楽しめますね。

　裏表紙に、内容のあらすじが書かれているので、先にそれを読むと、物語が理解しやすくなります。

　この作品の著者は Jane Austen（1775-1817）で、彼女の登場をもってイギリス小説が真の成熟を達成したと多くの人が高く評価しています。彼女は田舎の村の数家族に焦点を絞った小説を書いています。だからといってスケールが小さいというわけではなく、人間の内面を深く、鋭く観察し、描写しています。

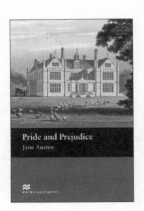

Pride and Prejudice
——
著者：Jane Austen (retold by Margaret Tarner)
出版社：Macmillan Education

　日本語の翻訳も数種類出ており、何度も映画化され、本国イギリスでは BBC がドラマ化しました。200 年以上にわたって読み継がれている名作です。映画『ブリジット・ジョーンズの日記』もこの作品から影響を受けています。

　舞台は田舎町 Longbourn。Mr and Mrs Bennet には男の子どもがおらず、5 人の娘がいました。Mrs Bennet にとっては娘たちを金持ちの男と結婚させることが最大の関心事。そんな矢先に、独身の資産家 Mr Bingley が Bennet 家の近所に引っ越してきました。これは一大事とばかりに Mrs Bennet は夫にこれを報告するのですが、その会話が特に有名で、これは夏目漱石も絶賛したのでした。Mrs Bennet は夫にこう話します。

'Oh, Mr Bennet, Netherfield is let to a young man from the north of England. His name is Bingley, he's very rich and not married. What a chance this is for our dear Jane! Everyone knows she's the most beautiful girl in Hertfordshire. She's so good-natured too. She will be an excellent wife for Mr Bingley.'（p.5）

　しかし、夫はどちらかというと無関心。Jane は Bennet 家の長女です。母が望むように Jane は Mr Bingley と結婚できるのでしょうか。この二人の恋愛や結婚もさることながら、次女 Elizabeth の結婚についてもドラマチックに描かれています。そしてタイトルにもある pride、prejudice はそれぞれ誰が抱いているもので、それらが恋愛（人間）関係を形成する上でどのような役割を果たしているかを意識しながら読んでみてください。

＊＊＊

　これも Jane Austen の代表作 **Emma** の retold 版です。

　名家 Woodhouse 家に次女として生まれた Emma は、美しく聡明な 21 歳の独身女性で、この界隈の polite society（上流社会）ではリーダー的な存在。同時に、彼女は自身の結婚については全く考えていないのに、周囲の男女を結びつける matchmaker を自任していました。そんな Emma を姉のように慕っている Harriet Smith はしばしば Emma を訪ね、恋愛相談をしていました。Mr Robert Martin に興味があることをほのめかす Harriet に対し、Emma はピシャリとこう言います。

'The Martins are good people, I am sure, but they are farmers,' 'You are my friend now, Harriet. You are meeting the best people in Highbury. I am Emma Woodhouse of Hartfield. The Martins can never be my friends. You must stop visiting them at once.' (p.17)

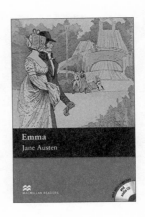

Emma

著者：Jane Austen (retold by Margaret Tarner)
出版社：Macmillan Education

　Emma は Harriet に Mr Elton という男性を紹介します。やがて Harriet は Mr Elton と会うことになり、それ を 見 て い た Emma は、'My plan is going well. Soon Mr Elton will

ask Harriet to marry him.'（p.18）と満足するのでした。しか
し、後日、Harriet は Mr Martin から求婚の手紙を貰います。そ
れでも強気な Emma は、'**You must refuse him. You cannot
marry a farmer, Harriet.**'（p.20）と言い放ち、**She [Harriet]
wrote a letter of refusal to Robert Martin.**（p.20）。

　さて、Emma に本音をぶつけることができる唯一の人物に
Mr Knightly という人がいます。彼と Emma は長年の友人で、
Emma の Harriet に対する先の助言には苦言を呈します。

　'**...You have spoilt Harriet Smith by making her your
friend, Emma. You have made Robert Martin very
unhappy. Harriet may soon be unhappy too.**'（p.21）

　他にも様々な人物が登場し、実に多くのことが同時進行で発生
しますが、巻頭には登場人物の名前と人間関係がわかりやすく
まとめられてあり、理解の助けになります。イラストが少なく、
27,000 語くらいあり、このシリーズの 6 つのレベルの中の「5」
のレベルです。高校英文法の力なしには読めない難易度ですが、
大人の方々は登場人物に感情移入しながら、楽しく読める作品で
す。

＊ ＊ ＊

　アメリカ人だけれどもヨーロッパで育った Frederick
Winterbourne は、スイスの観光地で、生粋のアメリカ人女性で
観光旅行に来ていた Daisy Miller と知り合います。Daisy は無邪

気で自由奔放で、当時の堅苦しいヨーロッパの（上流階級の）考え方や習慣には馴染まず、周囲の人たちは彼女のことを礼儀も作法もわきまえない女性として眉をひそめます。

　Frederick はスイスに滞在している Mrs Costello という叔母を訪れた際に、叔母が滞在先のホテルで Miller 一家（Daisy と母、そして弟）を見かけたことを知ります。Mrs Costello の Miller たちの評価は厳しく、

Daisy Miller

————

著者：Henry James (retold by Rachel Bladon)
出版社：Macmillan Education

"...I've seen them, heard them, and tried to stay away from them."
"They are not the right sort of people."（p.26）

　といったものでした。Frederick はアメリカ人ですが、長いヨーロッパ生活を通じて思考がヨーロッパ的になっているためか、叔母の Miller 家（特に Daisy）に対する批判も理解できるのですが、charming な Daisy に惹かれていきます。

　数か月後、冬のローマで Frederick は Daisy に再会。Daisy は現地の複数の男性と付き合っているという悪い噂が広まっていました。Frederick はヨーロッパの社交の習慣がアメリカとは違うことを Daisy に教え諭すのですが、彼女は聞く耳を持ちません。"Daisy Miller Goes Too Far" という章もあるのですが、これは物理的に遠くに行ってしまうことではなく「度が過ぎる」という

ような意味で、まさに Daisy の現状を的確に表しています。

　Frederick は、Daisy が夜中にイタリア青年と一緒にいるところを目撃します。Frederick の Daisy に対する感情はだんだん冷めていきます。楽しそうに振舞っている Daisy に、まさかの悲劇が待ち受けているとは…。

　この本は、同シリーズのレベル「4」で、先の Emma よりはやや易しいです。やはりイラストは少ないのですが、イラストの下には必ず本文中の英文から1、2文添えられている、という特徴があります。ですので、このイラストと文を先に見てから本文を読んでいくと、より読みやすくなるということもあります。

＊＊＊

　この作品は F. Scott Fitzgerald(1896-1940) の代表作で、1925年に出版されました。日本語の翻訳も数種類出版されています。レオナルド・ディカプリオ主演の映画（2013年）をご覧になった方も多いのではないでしょうか。retold 版はどうしても原作にあるシーンのいくつかが簡略化、あるいは省略されているので、映画を見ることによってそれらを補うことができます。

　この物語の語り手 Nick Carraway は中西部の豊かな家庭に育ち、ニューヨーク（以下 NY と表記）の株式取

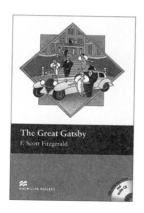

The Great Gatsby
***

著者：F. Scott Fitzgerald
（retold by Margaret Tarner）
出版社：Macmillan Education

引所に勤務します。彼は NY の近郊 West Egg に家を借り、そこから NY へ通勤しています。Nick の隣には、大金持ちの Jay Gatsby なる男が贅沢な大邸宅を構えています。

My neighbour, Mr Gatsby, gave parties all through the summer. Nearly every night his house and gardens were full of music. Men and women walked among the beautiful flowers, laughing, talking and drinking champagne. (p.19)

Gatsby がこうして夜な夜な派手なパーティーを開いているのは、過去に愛したある女性を振り向かせるためだったのです。その女性の名は Daisy。二人は愛し合うのですが、Gatsby が第一次世界大戦に赴き、その間に Daisy は Tom という金持ちと結婚してしまいました。しかし Daisy のことを忘れることができない Gatsby は、Daisy & Tom 夫妻の豪邸がある East Egg の対岸、West Egg に豪邸を入手したのでした。Nick は Daisy のいとこです。Gatsby は Nick を通じて Daisy との5年ぶりの再会を果たします。Daisy と Tom の夫婦関係はどことなくぎくしゃくしていました。そんな時に Gatsby と再会し、気持ちが揺れ動く Daisy。Gatsby は Daisy をどうしても取り戻したいのです。Gatsby は「過去は繰り返せる」と強く信じています。

'Can't repeat the past?' Gatsby said in surprise. 'Of course you can! Everything's going to be the way it was before. She'll see!' (p.44)

本当に彼は Daisy を取り戻すことができるのでしょうか。

36 | 英語を学ぶ読者に 親切なシリーズ

　Pearson English Readers シリーズから２冊紹介します。世界でよく知られた物語（映画化されたものも含む）の retold 版で、７つのレベルに分かれています。物語に入る前に、著者の略歴を紹介している Introduction がありますが、早く物語に入りたい人はここを飛ばしても差し支えないでしょう。裏表紙には語数（number of words）と、書かれている英語の種類（American English, British English 等）が載っています。

　Mark Twain（1835-1910）は、今でも世界中の人たちに愛されているアメリカの偉大な作家です。今回は Twain の短編を８作収録したこの本の中から、タイトルにもなっている "Jim Smiley and his Jumping Frog" を紹介します。

　California 州 Calaveras 郡に、働き者で話し好きな Jim Smiley という男が住んでいました。彼は賭け事（bet）が好きで、そしてまた賭け事が強かったのです。彼は賭け事のために、様々な動物（生物）を飼っていました。彼

Jim Smiley and his
Jumping Frog and Other
Stories
———

著　者：Mark Twain（retold by
Nancy Taylor）
出版社：Pearson Education Ltd.

はそれらの動物に名前をつけているのですが、その名前に注目してみましょう。

He also had a fighting dog, named Andrew Jackson.　No one liked that dog.　He was an ugly little dog.（p.2）

私がこのシリーズが好きである理由の１つに、ページの下に（たまに、ですが）注があることです。このページには Andrew Jackson に注がついており、**the seventh U.S. president（1829-37）** とあります。**"No one liked that dog."** とか **"ugly"** と説明しているのは、実は Mark Twain の Jackson 大統領に対する印象なのかもしれませんね。そして、今度は frog が登場します。

He taught the frog how to jump.　Daniel Webster ― that was the frog's name ― was the smartest frog along the west coast.（p.3）

この Daniel Webster というのは、**a well-known American politician（1782-1852）** とあります。この名前がついた frog については、**Smiley was really proud of Daniel.** とのことです。このような、何気ない登場人物（動物）の名前に込められた意味を考えることが、作家のものの見方や物語そのものを理解する手助けになることもあります。Mark Twain は彼が生きた 19 世紀のアメリカ社会をよく観察し、それを忠実に再現しつつ、人々の希望や不安、幸せ、悲しみなどをシニカルに、ときにユーモラスに描いた作家でした。

　さて、Smiley はこの Daniel という frog に高くジャンプする訓練をし、Daniel を使って賭け事をしようとします。これまで、賭け事には連勝してきた Smiley でしたが、手強い対戦相手が登場します。

＊＊＊

　映画 Forrest Gump（1994 年）をご覧になった方も多いのではないでしょうか。知能指数は劣るけれども純真な心を持ち、皆に好かれる青年 Forrest Gump 役をトム・ハンクスが好演しました。
　Forrest は、最初は普通の学校に通うのですが、皆にからかわれたりいじめられたりします。皆が彼を避ける中、Jenny Curran という女の子はいつも優しく接してくれました。Forrest は大学に入学して football の選手として活躍するようになります。
　ある試合で、Forrest はコーチに、**'Now you're going to run like a wild animal. OK?'**（p.8）と言われるシーンがあります。ここで will ではなくて be going to が使われている点に注目してみましょう。両者とも「意志未来」を表せますが、will はその場の状況からその場で決めたことを表すことが多いのに対し、be going to は発話の時点よりも前から（あらかじ

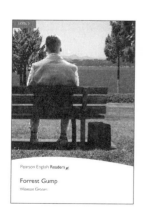

Forrest Gump
————
著者：Winston Groom（retold by John Escott）
出 版 社：Pearson Education Ltd.

め）考えていた意図を表します。

　ですので、このコーチの言葉は、試合の状況から判断して発したというよりも、Forrest は run like a wild animal することになっているんだよ、というニュアンスが込められています。このように will と be going to の違いにも着目して今後読んでいくのも面白いと思います。

　この頃、（Jenny 同様）一生の友となる Bubba という男と知り合い、彼の影響でハーモニカを吹くようになります。この Bubba との出会いは、この本と映画とではかなり違っていますので、その違いを探るべく映画もぜひ見てください（他にも映画と原作の違いはいくつかあります）。

　大学を卒業し、陸軍に入隊した Forrest は、ベトナム戦争に向かいます。この辺に来て、時代は 1950 年代であることが判明します。除隊後、彼は久しぶりに Jenny Curran から手紙を貰い、二人は再会を果たします。'I wore flowers in my hair, and talked about love.'（p.24）と Jenny は言いますが、この意味はわかりますか？　ベトナム戦争に反対する人たちの中には、平和と愛の象徴として花で身体を飾る人がいました。Jenny の行動もこの一環だと考えられます。

　Forrest は知能は低く、最初は皆に馬鹿にされましたが、良い人たちに囲まれ幸せな日々を送っています。そんな彼の生き様を見事に表しているのが、本書の最後の言葉だと思います。

An idiot?　Yes, I'm an idiot.　But most of the time I just try to do the right thing.（p.41）

37 原文で読んでおきたい 名作

　Oxford Bookworms Library シリーズから２冊ご紹介します。同シリーズは Starter から Stage 6 までの７つの難易度レベルに分かれており、中学生から社会人まで、広い年齢層と読者の興味に応じた本がたくさん揃えられています。自分の英語力よりも少し下（易しい）レベルから読み始めることをお勧めします。「易しい」レベルは難なく読めるかもしれませんが、そこに登場する単語や表現を能動的に（会話や作文で）使う、ということになると必ずしも易しいことではないということにも気づかされます。

　今回紹介する２冊は、共にStage 3。高校までの英語を習得した方にとっては、文法や構文の面では戸惑うことはないでしょう。

　イ ギ リ ス の 文 豪 Thomas Hardy（1840-1928）の短編が３編、retold されて収められています。

　"A Moment of Madness" の主人公 Baptista Trewthen という

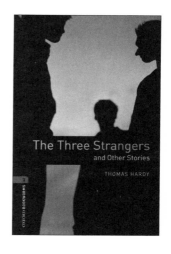

The Three Strangers and
Other Stories
——————
著者：Thomas Hardy (retold by
Clare West)
出版社：Oxford University Press

若い女性は、Tor-upon-Sea という町で教師をしています。ある日、彼女の浮かない表情を見た landlady の Mrs Wace は、何か問題でも抱えているのか、と Baptista に尋ねます。彼女は、生まれ故郷の St Maria's で近所に住む、20 歳以上も年上の David Heddegan から求婚されていることを打ち明けます。両親も、彼女が David と結婚することを望んでいるようです。

　彼女自身はそれほど乗り気ではないようですが、教師の仕事を続けるよりは David と結婚するほうがマシだと考えています。

... I think father and mother are right. They say I'll never be a good teacher if I don't like the work, so I should marry Mr Heddegan and then I won't need to work...I like him better than teaching, but I don't like him enough to marry him. (p.37)

　結婚式を数日後に控え、教職を辞め、故郷に向かう船の乗り場に着くと、船はもう出てしまっていました。次の船が出るのは数日後…。彼女はホテルに泊まることにし、荷物を預け、町を散歩します。そこで友人の Charles に遭遇します。ここから 3 ページほどにわたり二人の会話が展開するのですが、Charles は Baptista に求婚します。

　そして何と Baptista はそのプロポーズを受け、驚くようなスピードで結婚します。彼女の両親は、彼女は故郷に戻って David と結婚すると思って待っていました。**For the first time in her life Baptista had gone against her parents' wishes.** (p.44)

　この後しばらく、彼女の後悔を表す英文が続きます。彼女の後

悔の気持ちをもっともよく表している英文はどれか？　ぜひ探してみてください。

　さて、ここから驚くようなどんでん返しが繰り広げられ、意外な結末を迎えます。Charles が行方不明になってしまうのです…。

＊＊＊

　これは Oxford Bookworms Library の中にある Factfiles というシリーズに収められている1冊です。このシリーズは、文化、地理、歴史などノンフィクションを扱ったもので、綺麗な写真が豊富なことで人気があります。小説とはまた違うノンフィクションの英語を身近に感じることができる入門編と言えるでしょう。

　『アンネの日記』をお読みになったことがある人は多いと思いますが、この本は、ユダヤ人であるアンネとその家族（the Franks）や友人達、そしてアンネの日記について、ドキュメンタリー的な手法で描かれたものです。当時の歴史、政治背景についてもわかりやすく書かれてあります。第二次世界大戦中のドイツによる占領下のオランダ、アムステルダムが舞台。

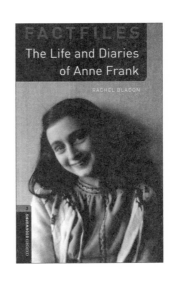

The Life and Diaries of
Anne Frank
————
著者：Rachel Bladon
出版社：Oxford University Press

ホロコースト（ナチス・ドイツがユダヤ人などに対して組織的に行った大量虐殺）を避けるために、隠れ家で生活をしたアンネ一家と友人達の8名。そんな生活がナチスに捕まるまで約2年間続きます。

All through her first year in the secret annexe, Anne's diary was very important to her. It was the first thing that she had packed in her bag the night before the Franks went into hiding, and although she did not write in it often at first, from the end of September 1942, she wrote something almost every day. (p.37)

ナチスの恐怖に怯えながら隠れ家で生活をするということは決して楽しいことではないですし、辛くてふさぎ込むこともあったでしょう。しかしできるだけ気丈に振舞おうとする様子が、次のAnneに関する描写からもわかります。

Everyone in the annexe knew that Anne was writing a diary, and she sometimes read pages of it aloud to make people laugh. (p.38)

決して「楽しい」話ではないですが、辛い状況の中で、夢と希望を持ち続け、逞しく生きたFrank一家と仲間たちのストーリーを、英語でじっくり味わってください。お友達と一緒に読んで、心に残った描写や英語表現をシェアし合うのも良い英語の勉強になります。

38 | 難易度高めの
英語ネイティブ用の児童書

　絵本と児童書を紹介します。子どもが読むものではありますが、英語母語話者の子どもが対象なので、私達にとっては決して易しいものとは言い切れません。しかし、多少わからない語に出くわしても、全体の理解に支障がなければ読み進めていきましょう。一度全体を読んでみて、それでもまだモヤモヤする語があれば辞書で調べてみて、再度その語を含む文を読んでみると、語彙も定着します。

　これは、『ゲド戦記』（**Earthsea**）の著者 Ursula K. Le Guin が書いた、4冊から成る絵本の1冊（第1作目）です。4冊とも村上春樹訳が出ています。

MRS. JANE TABBY could not explain why all four of her children had wings.（p.11）

　Mrs. Jane Tabby はお母さん猫です。なぜ羽が生えた子どもが4匹生まれてきたか、お母さんにもわからないのです。この猫の親子が住む

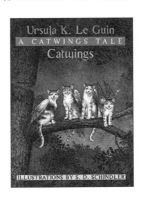

Catwings

著者：Ursula K. Le Guin
出版社：Orchard Books,
Scholastic Inc.

neighborhood は環境が悪く、食物も入手困難になってきて、子どもたちはいろいろと危険な目にも遭います。ある日、お母さんはついに一大決心します。子どもたちを集めて、こう伝えます。

"Children, I dreamed a dream before you were born, and I see now what it meant. This is not a good place to grow up in, and you have wings to fly from it. I want you to do that. (...) I want you to have a good dinner and fly away — far away." (p.15)

子猫の Thelma は、**"But Mother —"** とだけ言って、あとは言葉が続かず burst into tears してしまいます（私もつい…）。お母さんは Mr. Tom Jones が求婚してくれたので、それを受け入れるつもりであり、この地に残る決意を固めています。

そこで、子どもたちだけでこの地を離れて遠くに行きなさい、と言います。

All the children wept, but they knew that that is the way it must be, in cat families. They were proud, too, that their mother trusted them to look after themselves. (...) Then Thelma, Roger, James, and Harriet purred goodbye to their dear mother, and one after another they spread their wings and flew up, over the alley, over the roofs, away. (p.16)

ここから、4匹の子猫たちの adventure が始まります。著者の飾り気のないシンプルな言葉が私達に静かに語りかけてくるの

を感じることができます。難しく感じる文だけ、村上春樹訳と照らし合わせて読んでみるのもいいでしょう。あるいは、村上春樹訳を通読した後で原作を読んでみるというのも良いと思います。

＊＊＊

　Little Wolf という子どものオオカミが、悪い子になるために、Uncle Bigdad という叔父が経営する Cunning College に行くことに。オオカミは「良い」大人になってはいけないのです。あくまでも「悪い」大人にならなければならないわけで、Little Wolf は良い子だったので、両親にこの学校に送られたのです。道中、そして学校に着いて Uncle Bigdad に出会ってからも、その日に起きた出来事を Mom と Dad に手紙で報告する、という形式になっています。

　Cunning College に行くことは気が進まない Little Wolf は、家に帰りたい、と手紙で両親に懇願します。

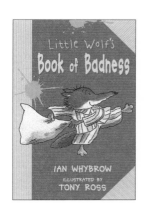

Little Wolf's Book of Badness
————
著者：Ian Whybrow
出版社：Carolrhoda Books

　"You think I am a goody-goody, I bet. Is that why I have to go away for badness lessons? But I told you I only brush my teeth last week for joke. And combing my fur and going to bed early were just tricks to trick you!"（p.15）

　…と言っています。普通ならば子どもがこういうことをやるのは「良い」ことなので誇らしげに親に伝えることでしょうが（人間の子どもの場合は"fur"ではなく"hair"になるのですが）、これらはたまたまjokeで、そしてtrickのためにやっただけなんだよ（だから本当は僕は悪い子なんだよ）というふうに自分の「悪さ」をアピールしているわけです。

　このように、自分がいかに（もう既に）悪い子であるかをアピールする文章は他にも出てきますので、これらが読み取れると楽しめます。

　Cunning Collegeに向かう長い道中で、Little WolfはMister Twisterというfoxに出会います。Mister TwisterはかつてCunning CollegeでUncle Bigdadと一緒に先生として働いていたそうです。

"My boy, I was a teacher in that school many a full moon ago! Your uncle and I used to be partners! Can you really be the nephew of that nasty, mean, bad, horrid crook?" (p.32)

　ようやくCunning Collegeに辿り着きますが、噂通りUncle Bigdadは嫌なオオカミであり、Little Wolfは辟易します。Little Wolfは無事両親の願い通り「悪い」オオカミに成長できるのでしょうか。最後には意外な展開が待ち構えています。この本は口語表現の宝庫です。ストーリーと英語表現をどうぞお楽しみください。

Column 9
コロケーションに着目してみる

　英語多読の醍醐味の１つに、様々なコロケーション（collocation）に出会えるということがあります。コロケーションというのは、ある単語と単語のよく使われる組み合わせ、自然な語のつながりのことです（「連結語句」「連語」などと訳されています）。

　例えば、日本語で考えてみましょう。「将棋を指す」「碁を打つ」という決まったコロケーションがあります。これを逆に「将棋を打つ」「碁を指す」とは言いません。

　英語で「罪を犯す」は commit（a）crime と言うのが普通で、do（a）crime とか make（a）crime とは言いません。「豪雨（強い雨）」を英語では heavy rain と言い、strong rain とは普通言いません。「多くの人」は many people と言いますが、「人口が多い」を many population とは言わず、large population と言います。

　コロケーションを覚えると英文が速く読めるようになります。コロケーションを知っていれば次にくる単語を予測することができ、単語の組み合わせごとに意味を考えることで自然に読解のスピードが上がるのです。また、コロケーションをたくさん知っていると、正しくて自然な英語が書ける（話せる）ようになります。多読によって、つまりたくさんの英文に出会うことによって、コロケーションにもたくさん出会うわけですが、この観点から言えば、一人の作家の作品を何冊も読んでみるというのも良いでしょう。作家によってよく使うフレーズや口癖のようなものがありますから、同じコロケーションに何回も出会うことになり、自然と頭に残るわけです。

おわりに

　私が教えてきた生徒（学生）達に「英語ができるようになりたいか」と尋ねると、多くの人達が「なりたい」と答えます。特に「英語が話せるようになりたい」と答える若い人が多いです。そして、「英語が話せるようになるためには、どうすればいいですか」という質問もよくいただきます。

　私の答えは「とにかくたくさん聞き、たくさん読むことです」となります。たくさん聞いて、たくさん読むこと、つまり英語を普段からたくさん取り入れる（input、そして intake する）ことに尽きます。会話ができるようになるためにも「読む」ことは必要不可欠です。私自身、英語を話すことに自信を持てるようになってきたのは、英語をたくさん読む（つまり多読する）ようになってからです。

　かつて、NHK ラジオ「英語会話」の講師を 22 年間も務め、放送文化賞を受賞し、全国的に「英会話ブーム」を巻き起こした松本亨は、一般には「英会話」の先生として知られていましたが、英語を「読む」ことの重要性も早くから説いておられました。

　私のすすめることは、なにはさておき、英語をお読みください、ということです。会話にばかり重点をおかないで、多読速読を身につけることです。手あたり次第、英書、英語の雑誌、英字新聞を読んでください。[1]

---

[1] 松本亨『英語の新しい学び方』講談社現代新書 (1965) p.192。

170

　松本亨の影響を受けて英語が好きになった人、英語を使う職業に就いた人は全国にたくさんおり、彼の影響力は多大なものでした。そんな松本のネイティブ並みの英会話力は、実は尋常ならぬ英語読書に支えられていました。

　松本亨の後任者としてNHKラジオ「英語会話」の講師を13年間務めた東後勝明も、英語を読む大切さについて、次のように述べています。

　まず読書をすることによって、面白くかつ役に立つ情報の吸収ができ、それによって話の内容が豊富になってきます。多くの英文を読むことによって、正しい綴字、正しい句読点の打ち方、さらには文法的に正しい英語を使うようにもなってきます。もちろん、読んでいるときには、こうしたことにたいした注意を払っていないつもりでも、知らず知らずのうちに英語の正しい用法に対る感覚が身につき、自分が英語を使うときに、それを手本として用いるようになります。[2]

　皆さんは英語をペラペラ話す帰国子女の人達を「うらやましい」と思ったことはありますか？　私の周りにも帰国子女と呼ばれる人たちは何人かいますが、ただ、帰国子女の全員が「英語ペラペラ」というわけではないのです。ここでは、幼少時代に英語圏に長く住んだ人たちを「帰国子女」と呼ぶことにしますが、彼（彼女）達の中には、日本に帰国して英語力を維持できず、（発音

[2] 東後勝明『聞ける英語　話せる英語』ちくま新書（2000）p.26。

だけは英語母語話者並みですが）英語を話すことができなくなった人達もいます。

　では逆に英語力を維持している帰国子女とはどういう人達かというと、ほぼ例外なく日本にいても英語を常に読んでいる人達です。英語圏に長く住むだけでは不充分で、英語を積極的に読まなければ（発音の上手さや、リスニング力だけは残るとしても）しっかりとした語彙と構文に支えられた、ある程度流暢な英語を話す力はいつまでたっても醸成（あるいは維持）されません。

　中学校の英語教師で、2児の母でもある川合典子は、アメリカに2度滞在し、現地で子育てをした経験から（つまり二人のお子さん達は「帰国子女」です）、自分の子どもたちの英語習得の過程を2つの段階に分けています。「第一段階は、わからない英語を日本語に訳して理解していく段階」「第二段階は、意味がわかるようになった英語を大量に処理していくうちに、日本語経由の過程がなくなっていく段階」であるとし、「日本語を経由していた時間がなくなりますので、英語処理段階のスピードも上がります。英語を英語のまま理解するようになります。滞在3年目からがこの段階に当たります」と述べています。[3]

　自分の子どもたちの英語習得をよく観察し、つぶさに著している川合は、「バイリンガルとまではいきませんが、私も意味のわかるようになった英語を大量にインプットした結果、言いたいことが英語で自然に頭の中に浮かぶようになった」「日本で勉強する場合も第一段階、第二段階を行っていくことによって、自分の言いたいことが自然に英語で頭の中に浮かぶようにすることが

[3] 川合典子『帰国子女に見る世界に通用する英語力の作り方』瀬谷出版（2014）p.86。

できる」と述べています。⁴　私自身も川合と同様にバイリンガルではありませんが、それでも、日常会話の英語でほとんど困ることがないレベルに達したなあと自信を持てるようになったのは、英語の「大量のインプット」すなわち「多読」であったと確信しています。川合も、「『自分の言いたいことをすらすらしゃべれるようにする方法』がたくさん本を読むことだった」と結論づけています。

　同時通訳者の関谷英里子は、次のように述べています。

　帰国子女で、同じ年数、海外に行っていても、英語の定着度や、英語を知っている深さは、人によってまちまちです。何が差なのかを周りの英語が得意な人たちにリサーチしてみましたが、決定的なのは読書量でした。［中略］　英語を身につけている人の多くは、読書好きです。読むことは語学の基本なので、軽んじないでほしいと思います。⁵

　幼児英語教育研究家として多くの子どもたちの英語教育に当たってきた三幣真理は、次のように述べています。

　実は、英語圏で生まれ育っても英語を話せない、という日本人の子どもは意外と多いものです。たとえ海外で生活していても、日本語の本やテレビ番組に親しんでいたり、日本語でコミュニケーションを取る機会のほうが多ければ、英語はいつまでたっても身につかないからです。しかし、それとは逆に、日本国内で生

活していても普段から英語のテレビを見て英語の本を読み、英語の歌に親しむ習慣がある家庭の子どもは、ネイティブさながらの英語力を身につけています。[6]

　幼少時代に英語圏に住んだ経験がなくても、あきらめる必要はありません。「多読」によって、高い英語力を身につけることは可能です。
　同時通訳者、NHK テレビ英語講座の講師として有名な松本道弘は、読むことの重要性と楽しさについて、次のように述べています。

「読む」とは、息を吸うことである。
　外国語習得の秘訣は、「呼吸」と同じである。息を吸わなければ、吐くことができないということである。長く息を吐くには、深く息を吸わなければならない。それが reading と listening である。後者の方は、場所や相手の問題もあり、自分でテーマを選ぶことができない。しかるに、前者 reading に関しては、自分の気持しだいで、インプットができるので、最も理想的なインプットの方法である。reading が最も大切であるというのは、それから通じてインプットされる a frame of reference（知的枠組のことで、以下 FOR と略す）が拡大するからである。このトータルな知識や情報体系が「認識」を生む。そして、この FOR がふくらめば、ヒアリングも自動的にのびる。とすれば、話したり、書いたりすることもラクになる。[7]

[6] 三幣真理『バイリンガルは 5 歳までにつくられる』幻冬舎（2016）p.5。
[7] 松本道弘『「タイム」を読む　生きた英語の学び方』講談社現代新書（1981）p.18-19。

　最近では多くの段階別多読図書や英米の絵本などには本文の朗読CDも付いていますので、多読と並行して「多聴」も容易に、楽しく行うことができます。

　本書が、皆さんにとって英語読書生活を始めるきっかけになり、また、どんな本を選んだらよいのか迷っておられる方にとってのささやかなアドバイスとなれば、著者にとってこれ以上の喜びはありません。

　本書は、著者がAsahi Weekly（『朝日ウイークリー』）で連載している「放課後ブッククラブ」をベースにしていますが、この連載執筆のきっかけを作ってくださったAsahi Weekly編集部の皆さんに、この場をお借りしてお礼を申し上げたいです。また、この書籍化の企画を快く受け入れてくださった青春出版社さんにも、感謝しています。

　最後に、本書を手に取ってくださった皆さんが、楽しい英語読書生活を送られることを願って、ペンを置きたいと思います。本書を最後までお読みくださり、ありがとうございました。

2020年9月吉日

林 剛司

著者紹介

林 剛司（はやし たけし）

神戸学院大学講師（英語、英語教育、英米文学）。中高や高専、大学教員、米国音楽雑誌の翻訳者を経て現職。英語の多読に関する解説や論文多数。英米ロック、ポップスの歌詞の正確な解釈と対訳に定評がある。

著書に『英語は「多読」中心でうまくいく！』（ごま書房）、『楽しい英語「多読」入門』（丸善プラネット）、『今日から！英語読書 英米児童書からはじめよう』（リトル・ガリヴァー）、『「受験英語」でシャーロック―"The Adventure of the Speckled Band"を読む』（デザインエッグ社）がある。2015年よりAsahi Weekly（朝日新聞社）紙上にて連載「放課後ブッククラブ」を執筆。

ちゅうがくえい ご　　　はじ　　　ようしょ　せ かい
中学英語から始める洋書の世界

2020年10月10日　第1刷
2021年3月1日　第2刷

著　　者　　　　林　　　剛　司
　　　　　　　　　　はやし　　　たけ　し

発　行　者　　　小　澤　源　太　郎

責　任　編　集　株式会社　プライム涌光
　　　　　　　　　　　　　電話　編集部　03(3203)2850

発　行　所　　　株式会社　青春出版社
　　　　　　　　東京都新宿区若松町12番1号　〒162-0056
　　　　　　　　振替番号　00190-7-98602
　　　　　　　　電話　営業部　03(3207)1916

印刷・製本　　三松堂